MAX GRAHAM DIXON

GRAPHIC TERRACE
LE LIVRE D'INSPIRATION

DANS LA MÊME COLLECTION

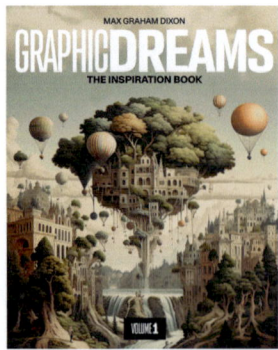

Le code de la propriété intellectuelle interdit les copies ou reproductions destinées à une utilisation collective. Toute représentation ou reproduction intégrale ou partielle faite par quelque procédé que ce soit, sans le consentement de l'auteur ou de ses ayants cause est illiicte et constitue une contrefaçon sanctionnée par l'article L. 335-2 et suivants du Code de la propriété intellectuelle.

Dépôt légal : Mars 2024

Auteur
Max Graham Dixon
Conception graphique
TS Infographie
www.tsinfographie.fr

SOMMAIRE

01
// Terrasse d'appartement 06

02
// Terrasse de maison - Minéral 34

03
// Terrasse de maison - Bois 64

04
// Balcon 90

05
// De nuit 116

AVANT PROPOS

Bienvenue dans un voyage visuel à travers les espaces intimes et inspirants qui ornent nos vies quotidiennes. Dans ce livre, nous explorerons les terrasses de maisons, les balcons d'appartements, et les joyaux architecturaux qui nous offrent des perspectives uniques sur le monde qui nous entoure, de l'aube au crépuscule.

Les terrasses et les balcons sont bien plus que de simples extensions de nos habitations. Ce sont des refuges où nous trouvons refuge, des oasis de calme au milieu du tumulte de la vie moderne. Que ce soit pour une pause contemplative au lever du soleil, une soirée entre amis sous les étoiles, ou simplement pour savourer un café en solitaire, ces espaces extérieurs sont le cadre de moments précieux et intemporels.

À travers les pages de ce livre, laissez-vous transporter par la beauté saisissante des vues depuis ces perchoirs privilégiés. De la splendeur des terrasses de maison surplombant des paysages bucoliques, aux panoramas urbains captivants depuis les balcons d'appartements en plein cœur de la ville, chaque image vous invite à la contemplation et à la réflexion.

Que vous soyez un amateur de design, un passionné de photographie ou simplement en quête d'inspiration, j'espère que ce livre vous offrira un moment de détente et d'émerveillement. Laissez-vous emporter par ces vues envoûtantes, et peut-être trouverez-vous dans ces pages une source d'inspiration pour créer votre propre havre de paix en plein air.

Bonne lecture, et que ces images vous transportent vers des horizons infinis, de jour comme de nuit.

01

/// TERRASSE D'APPARTEMENT /

02

/// TERRASSE DE MAISON - MINÉRAL /

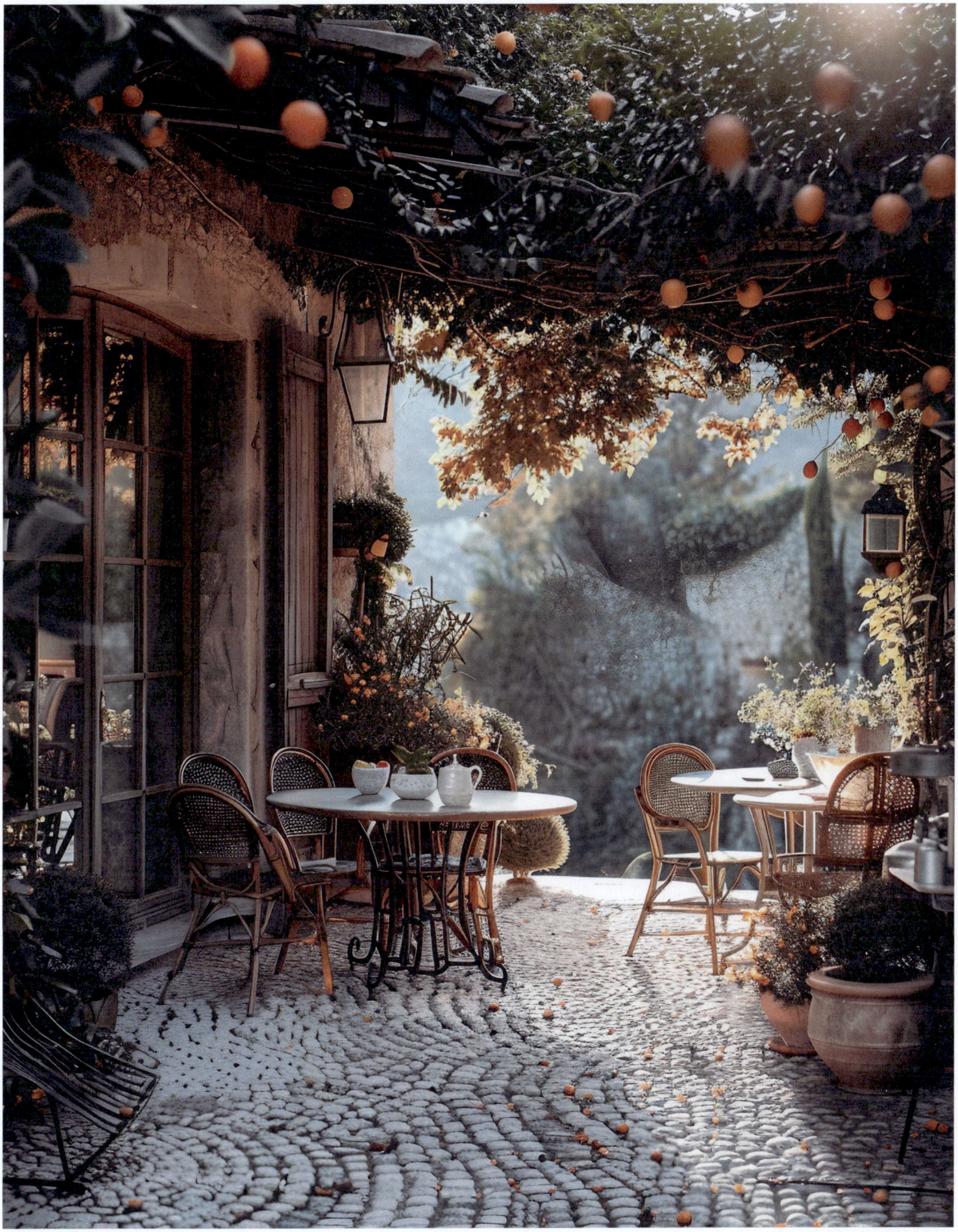

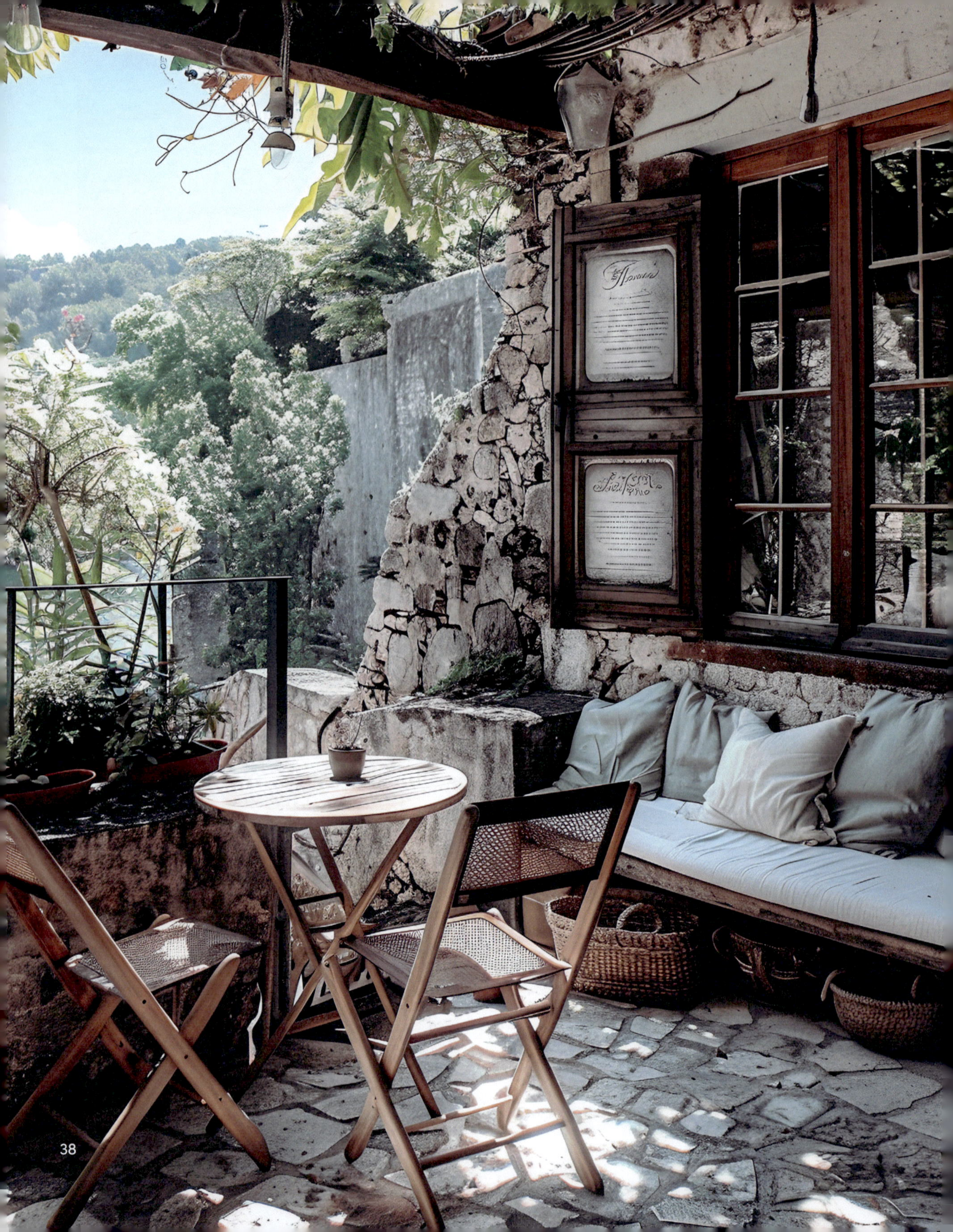

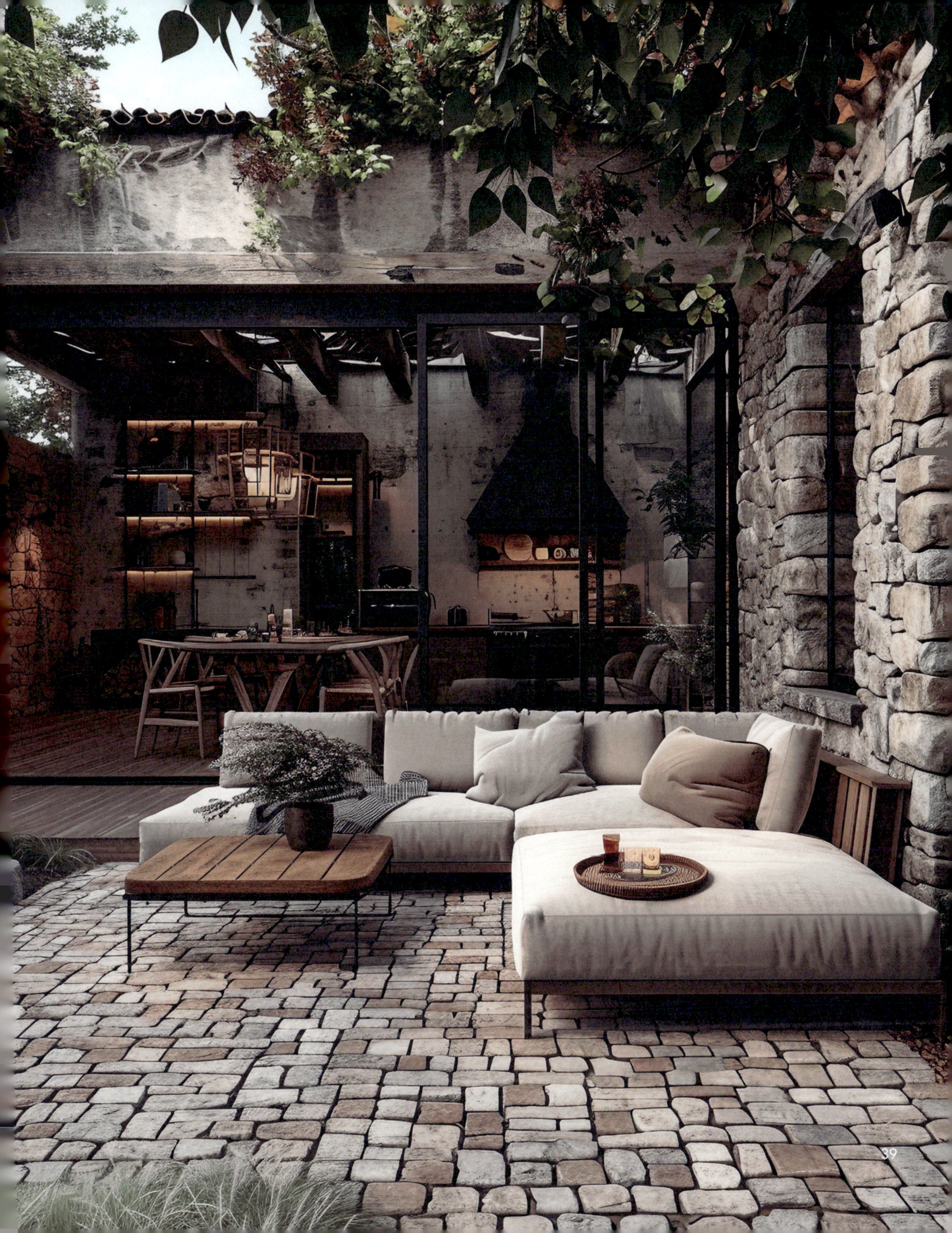

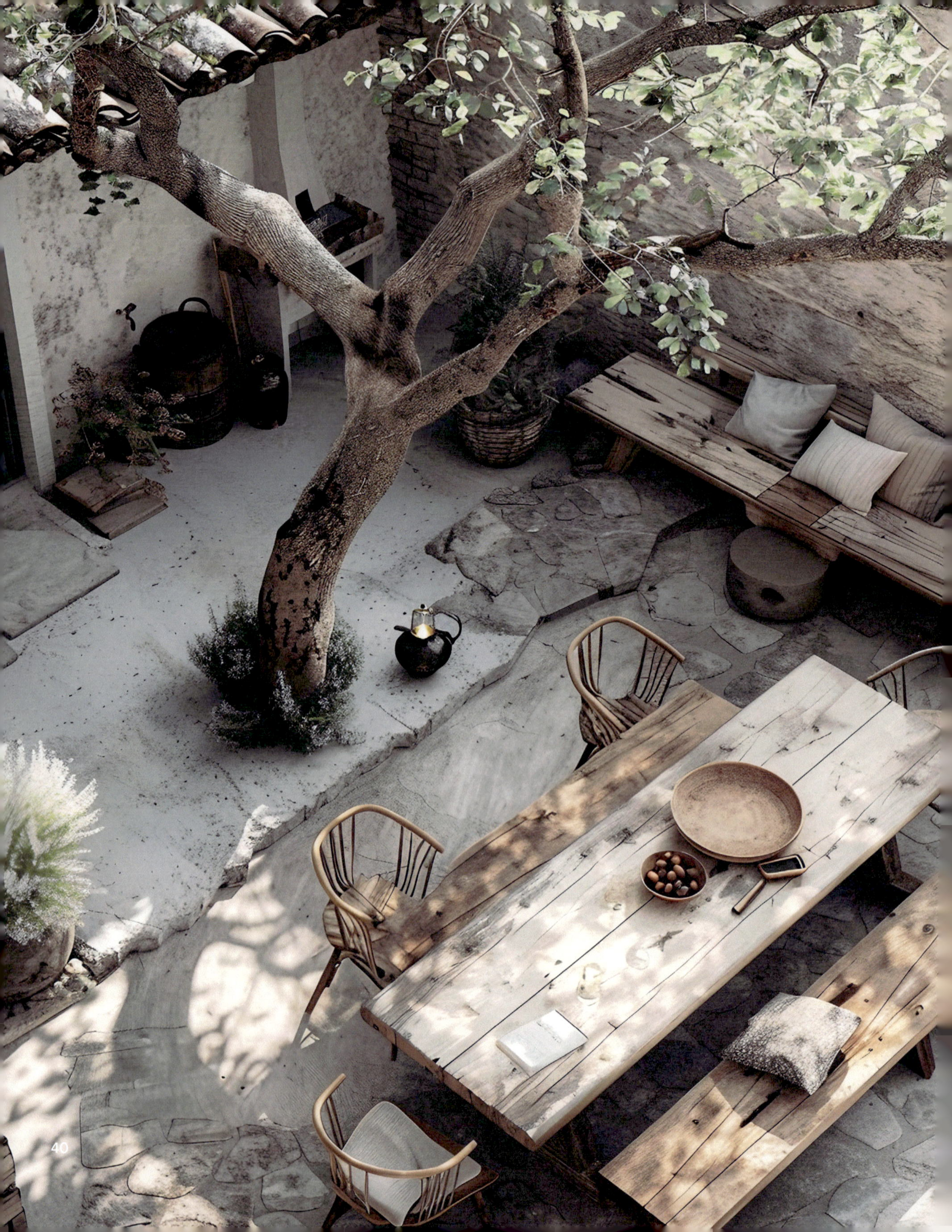

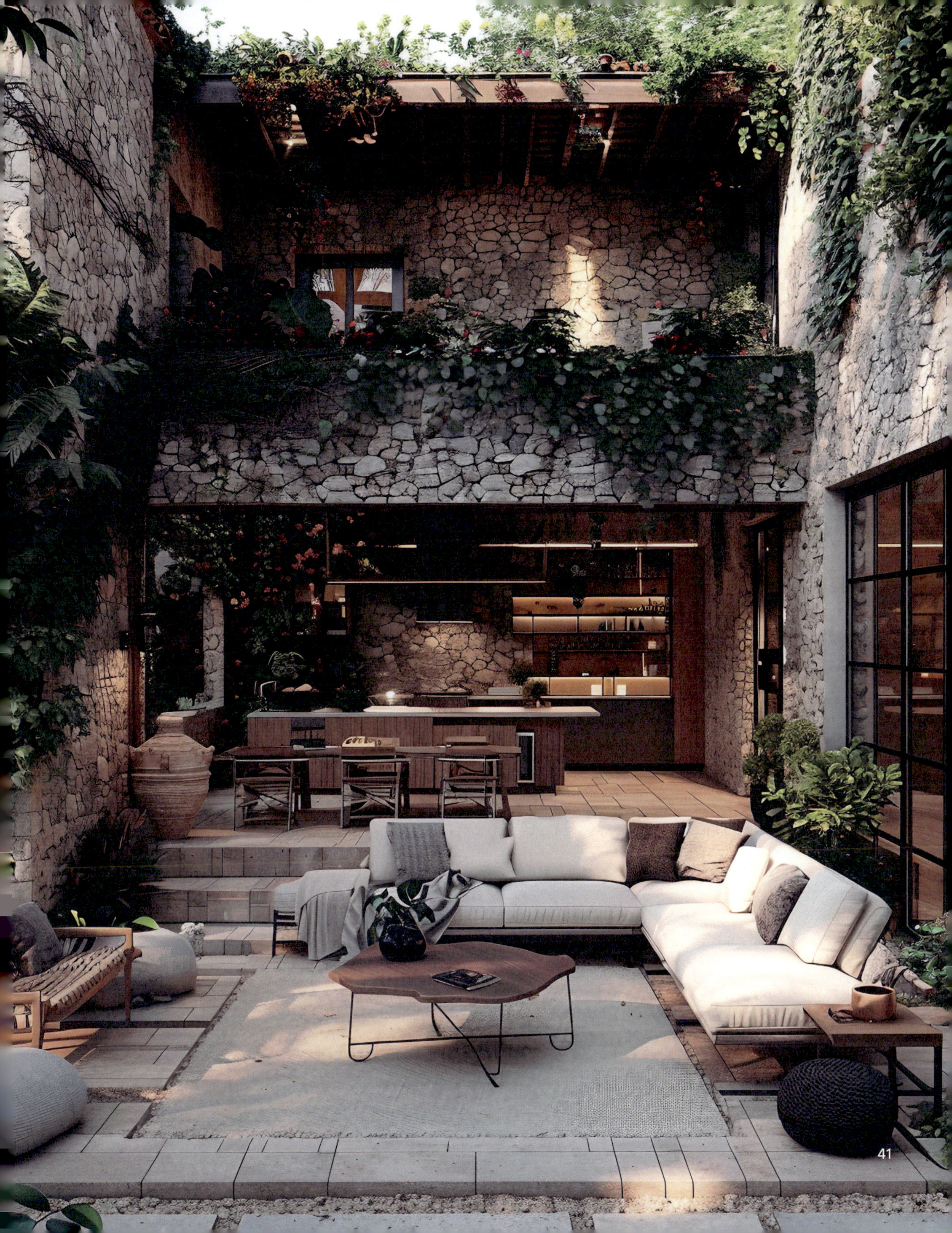

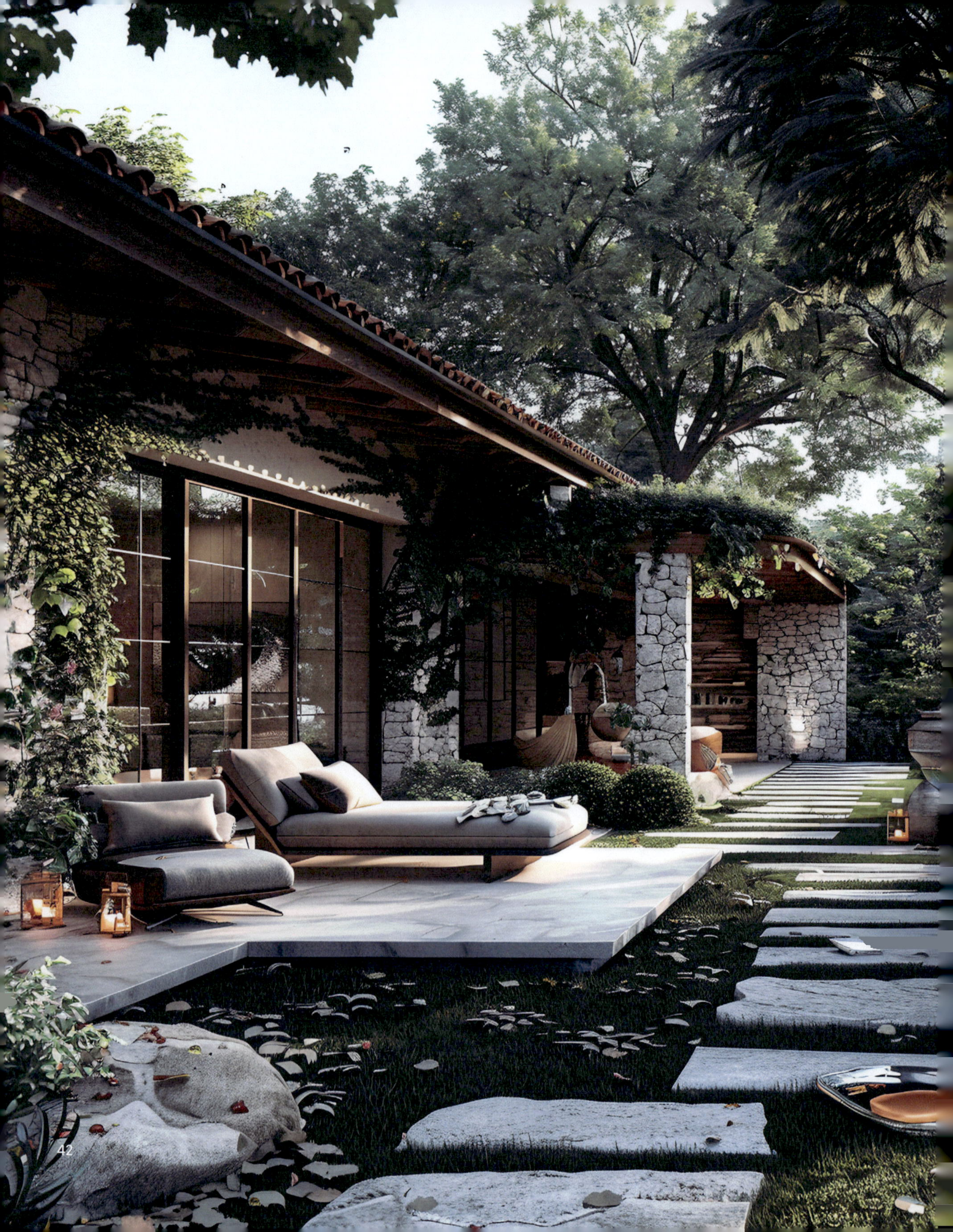

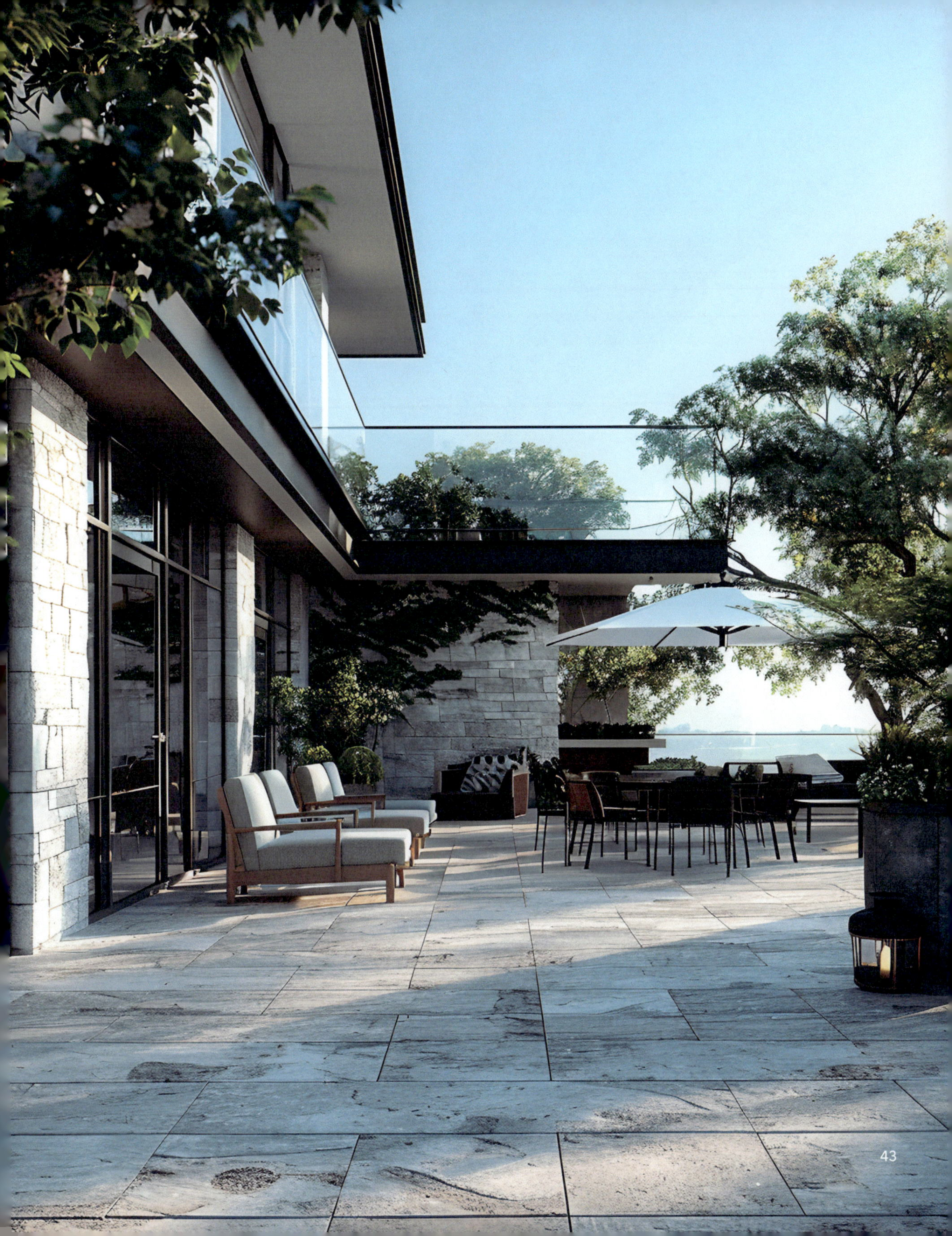

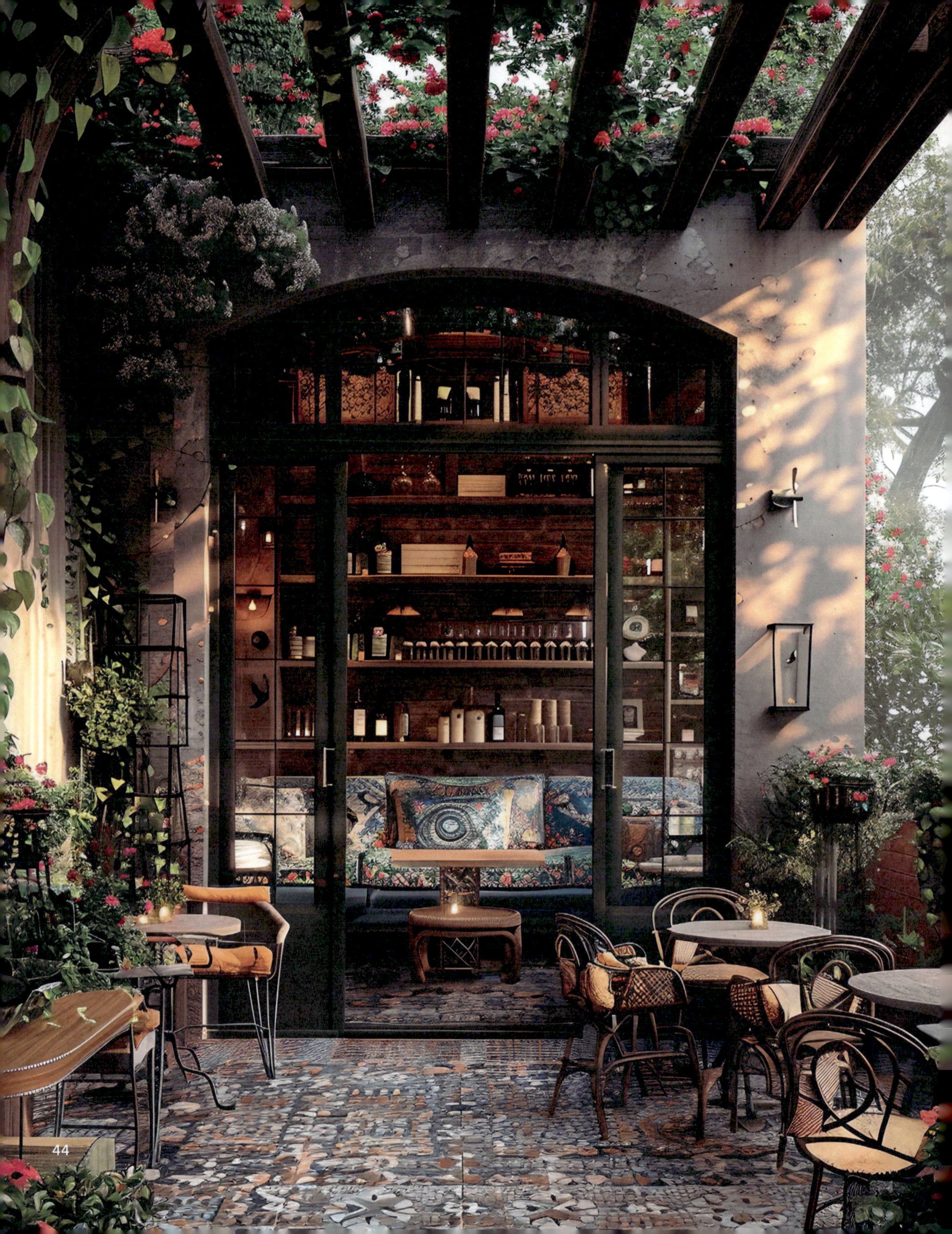

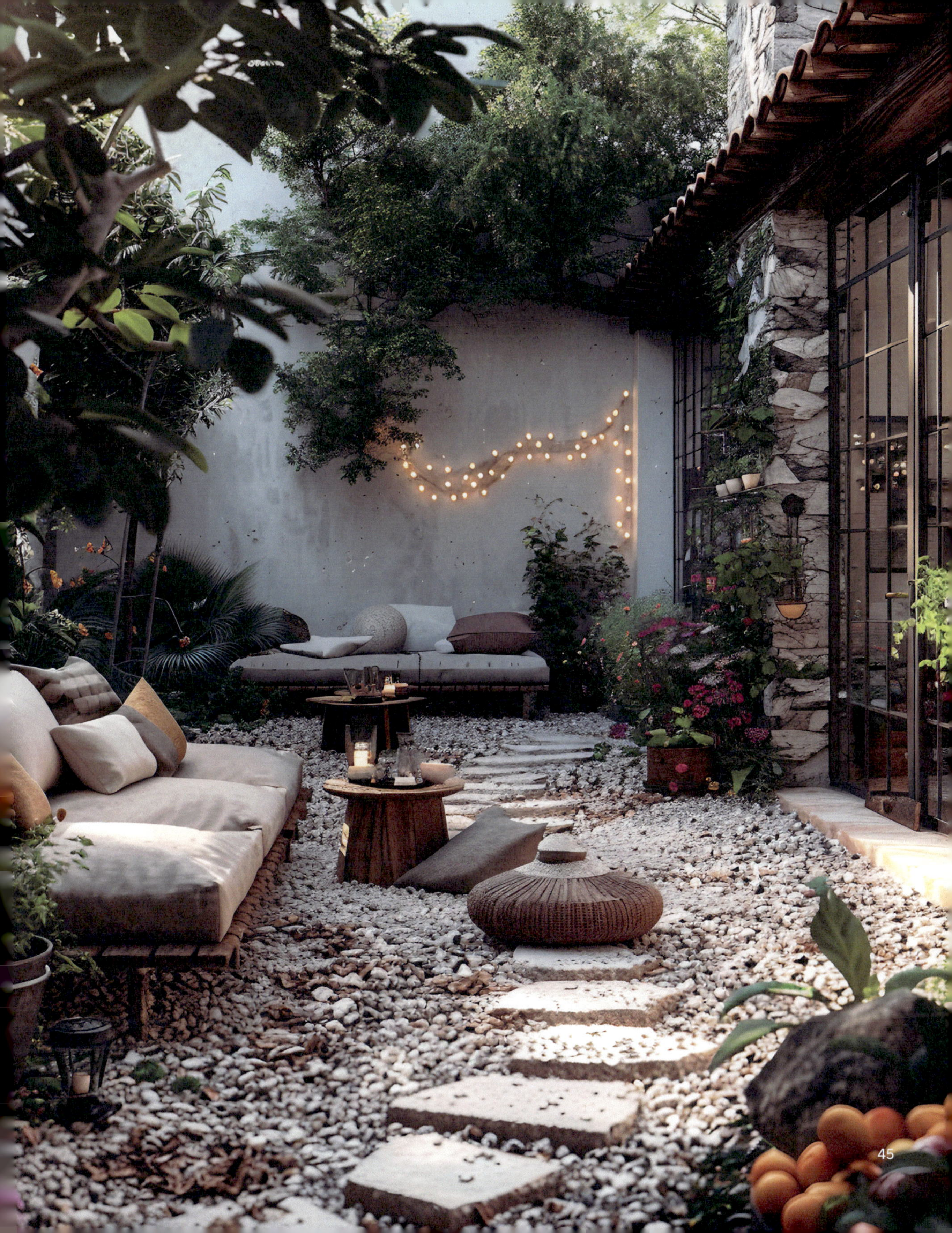

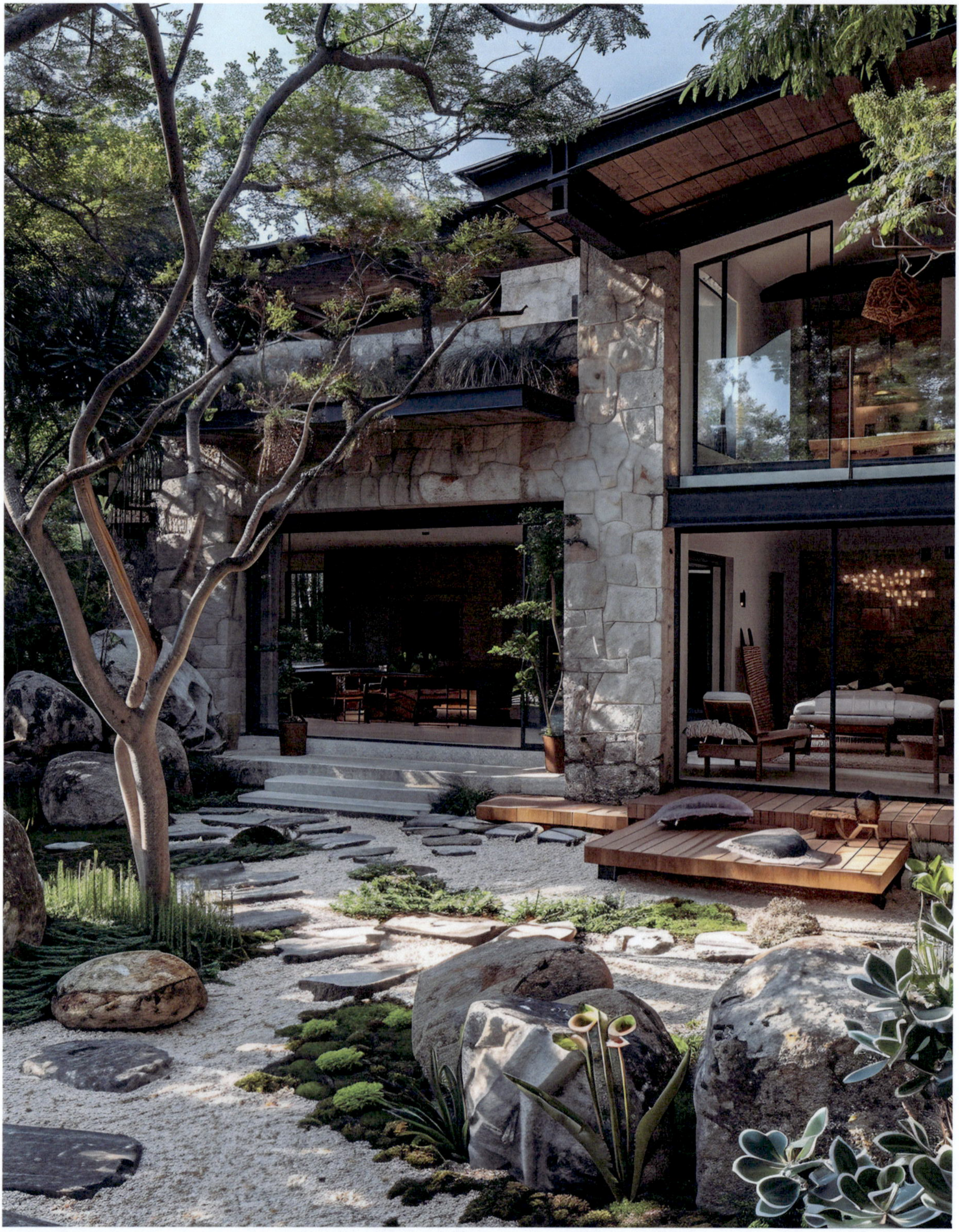

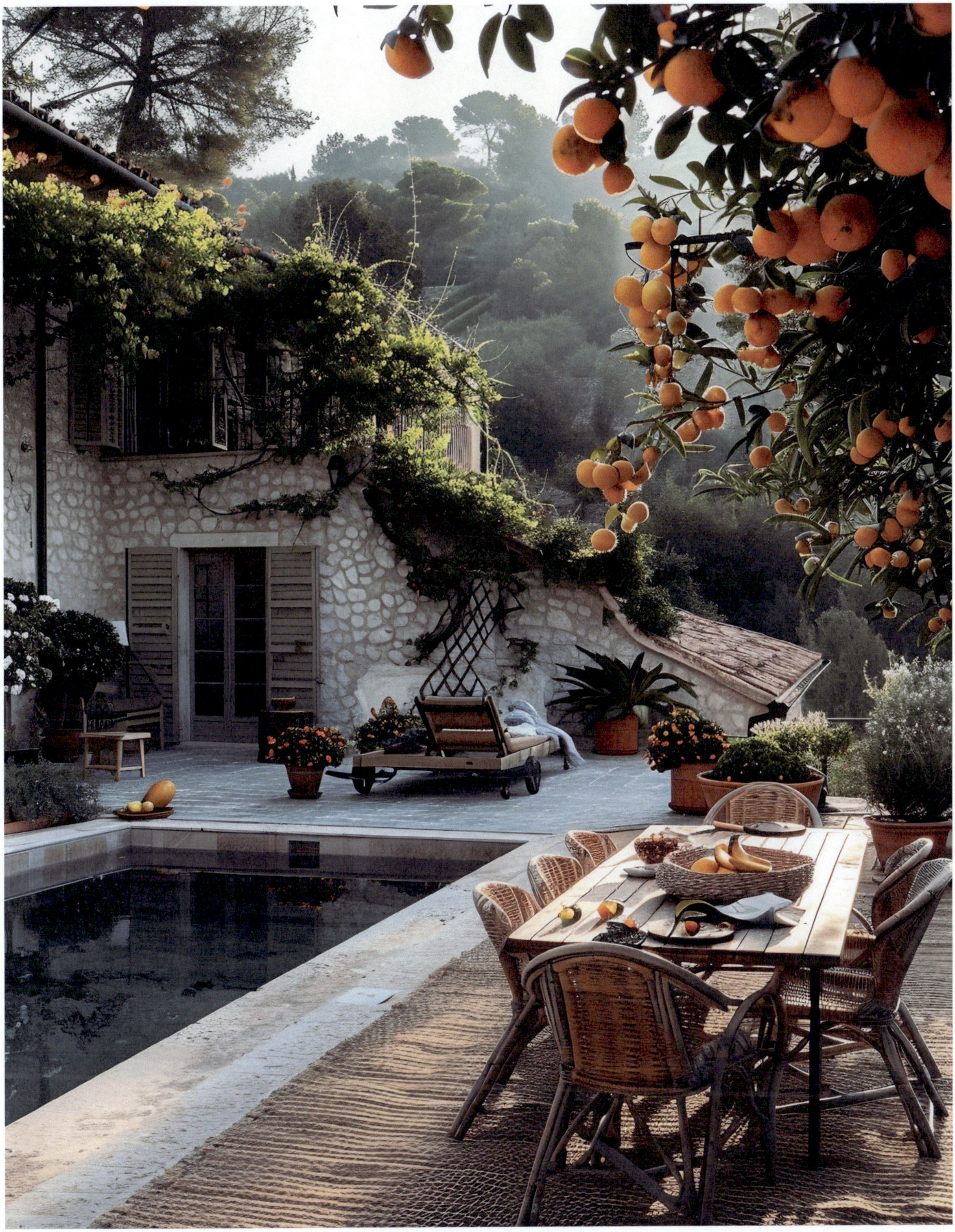

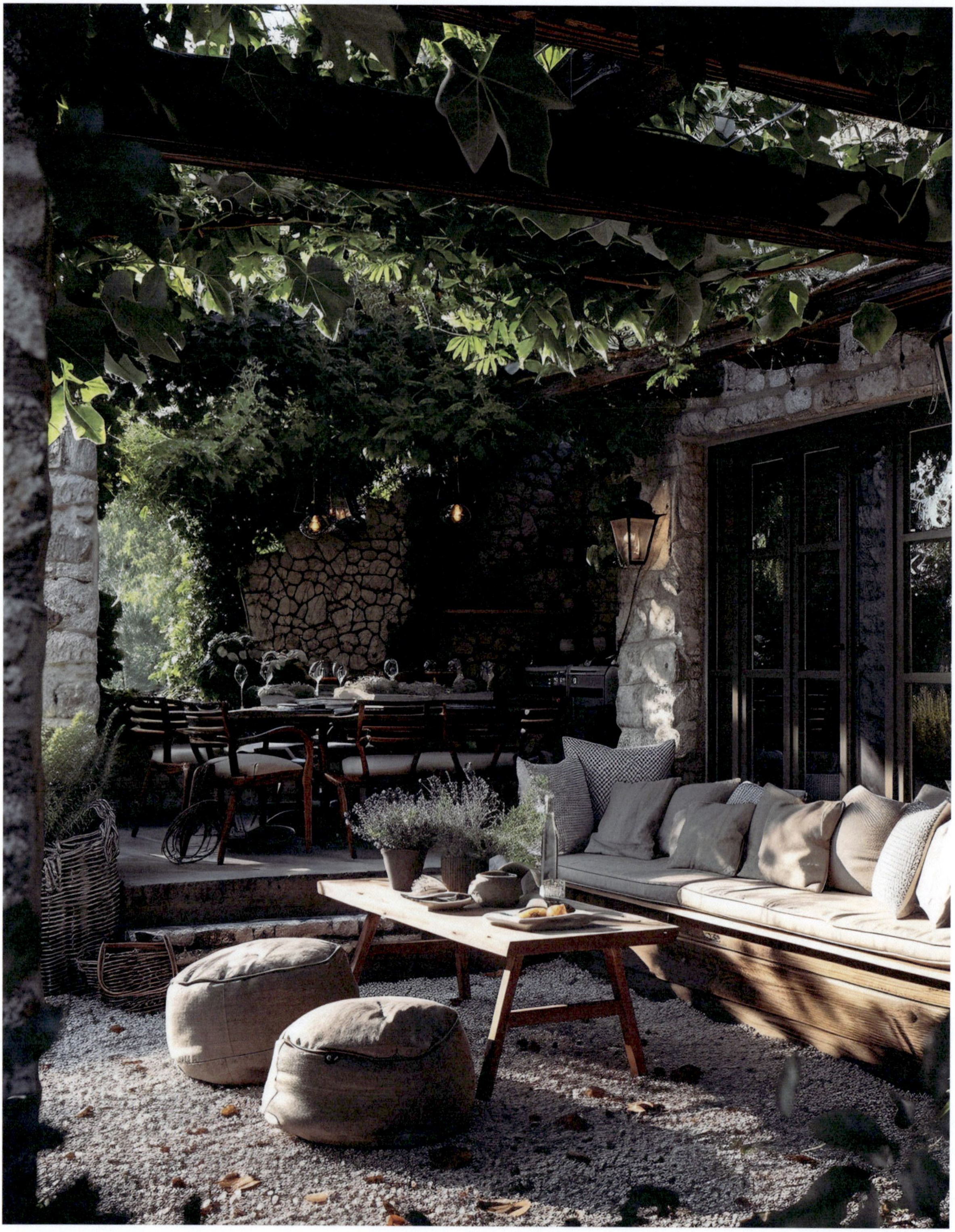

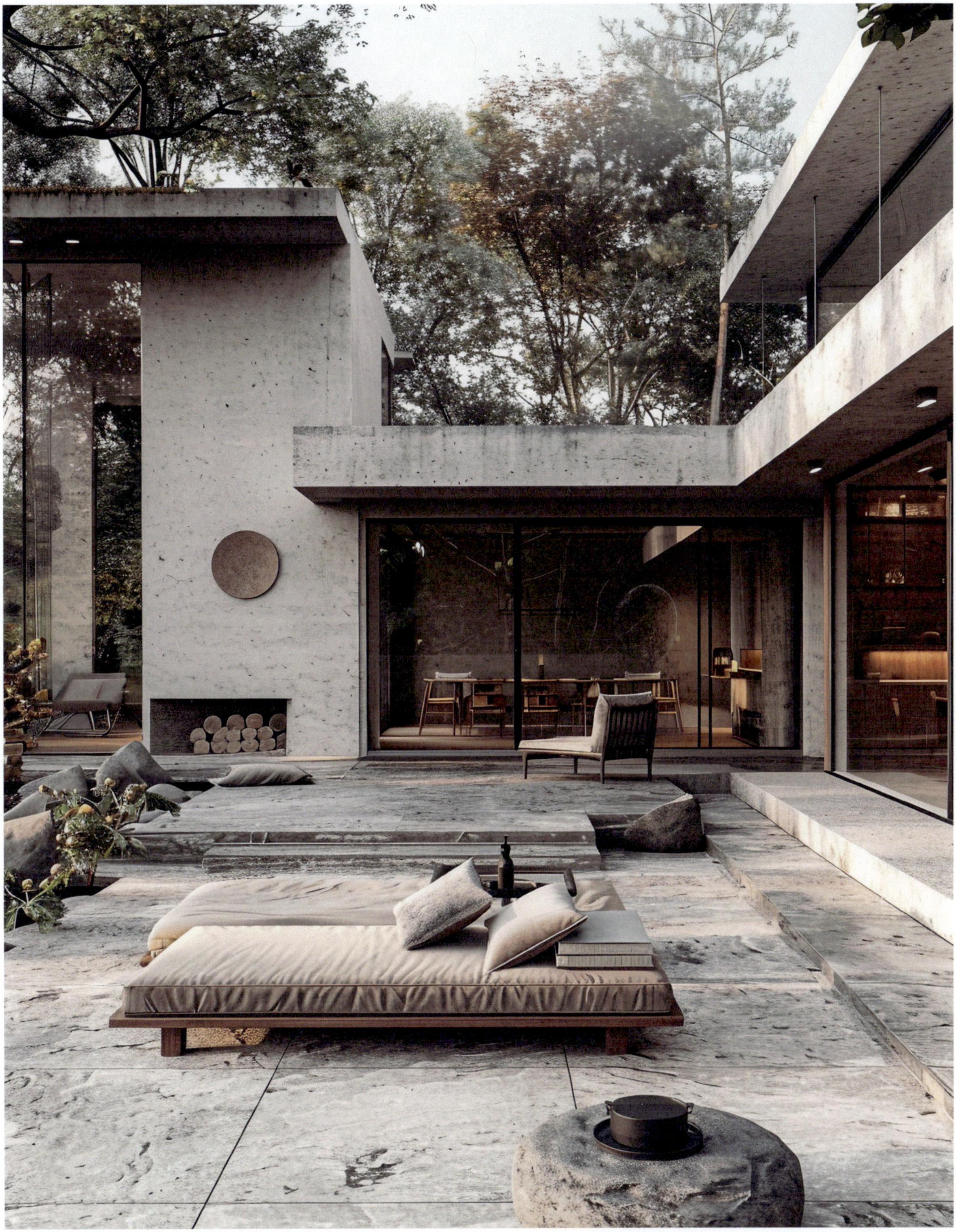

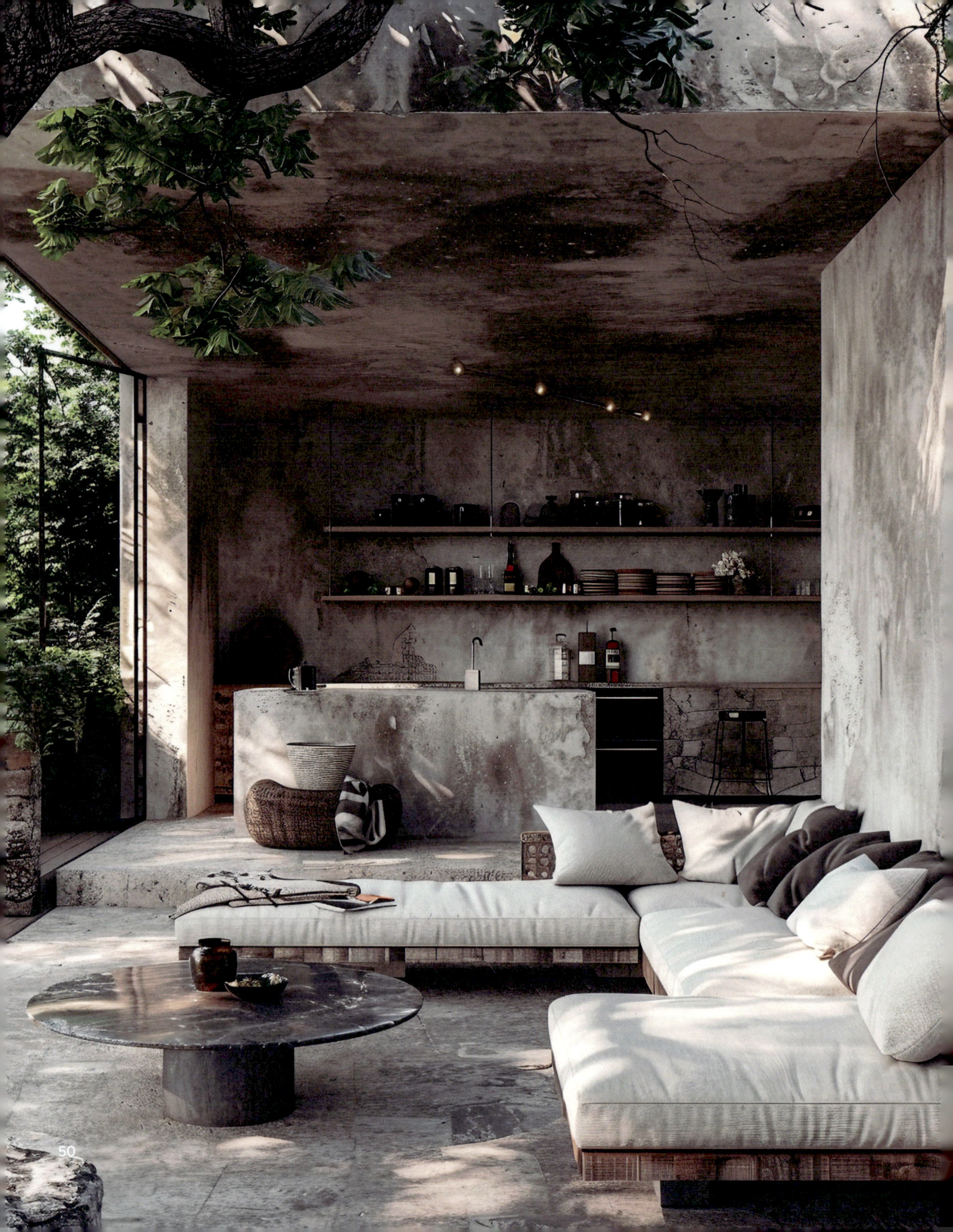

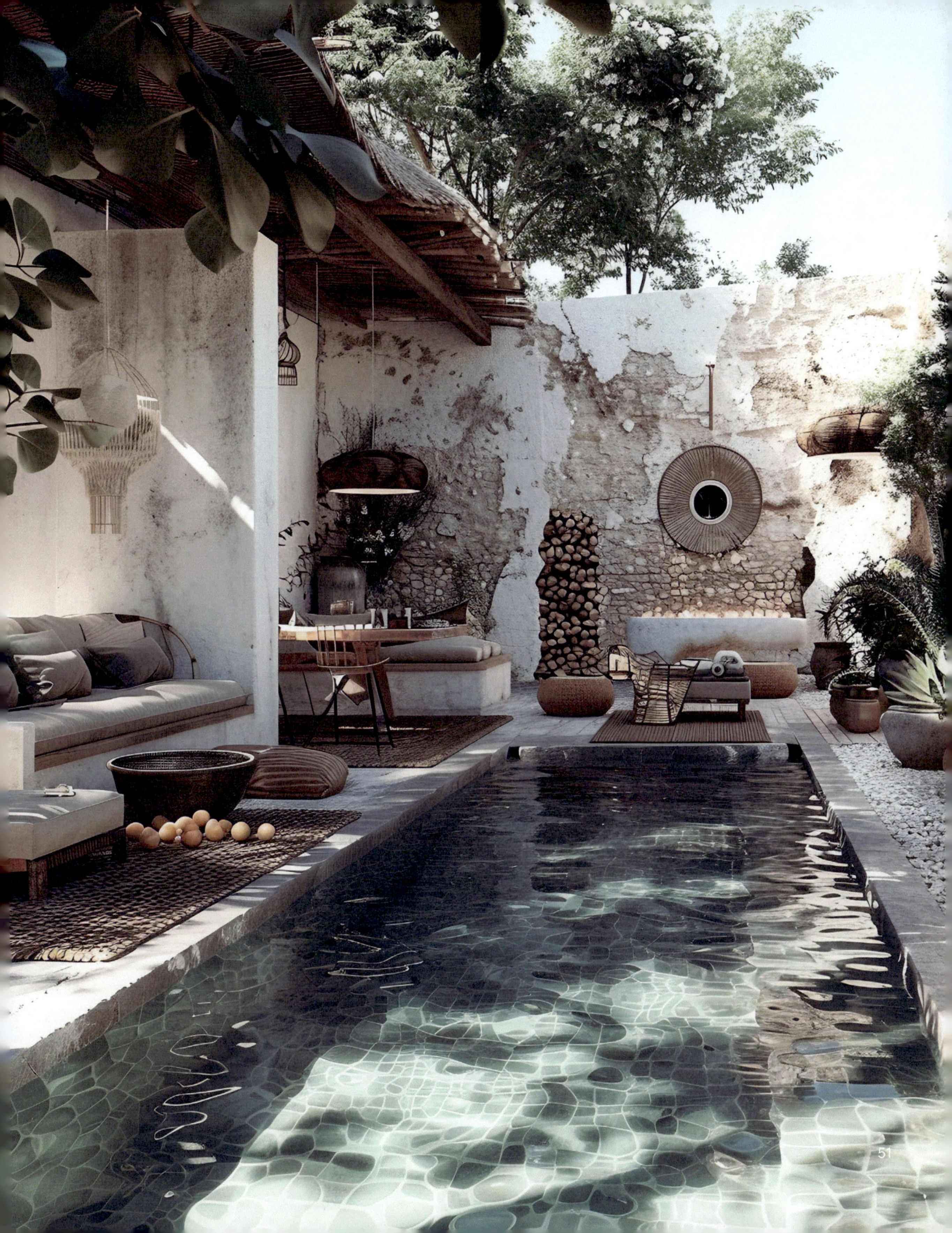

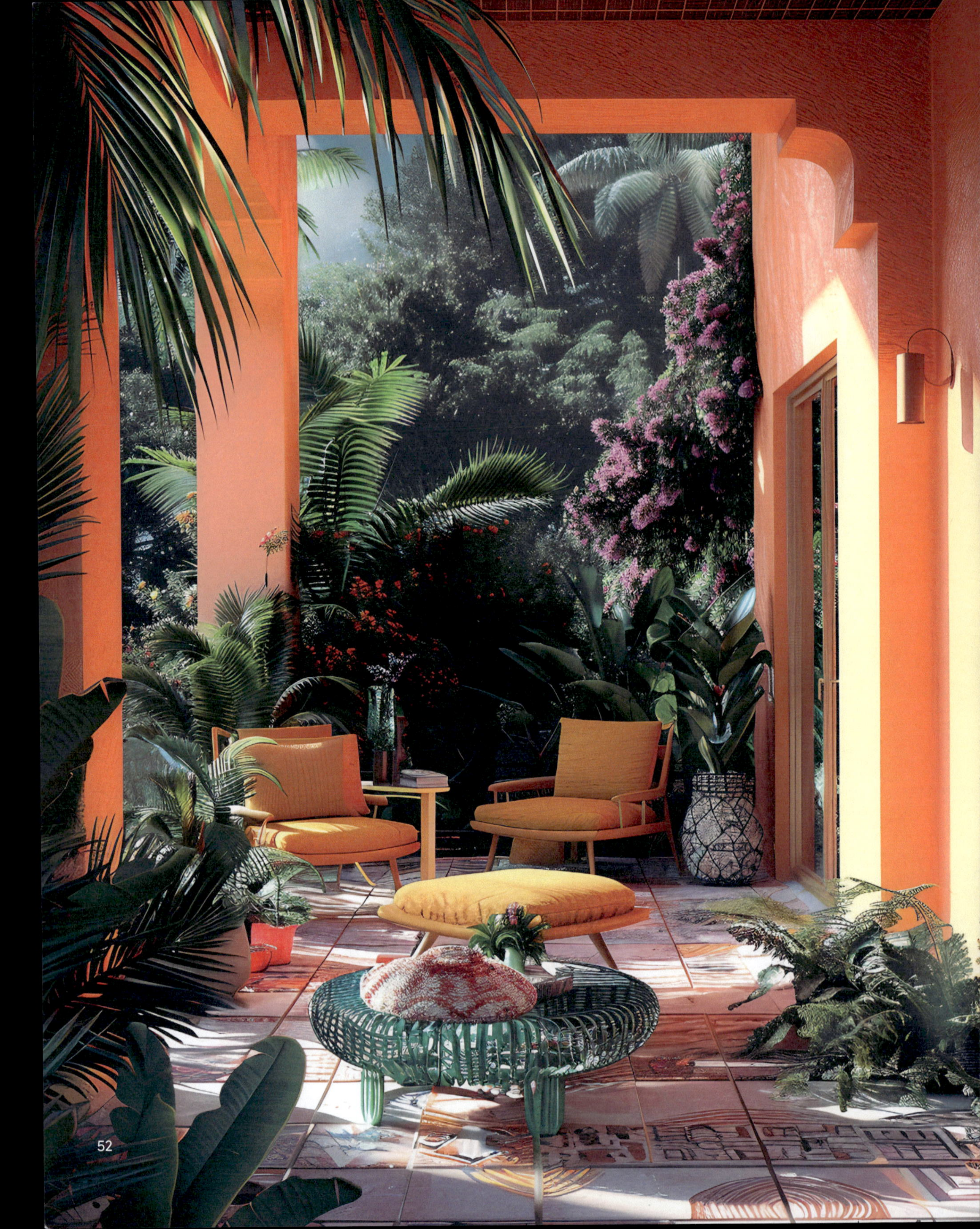

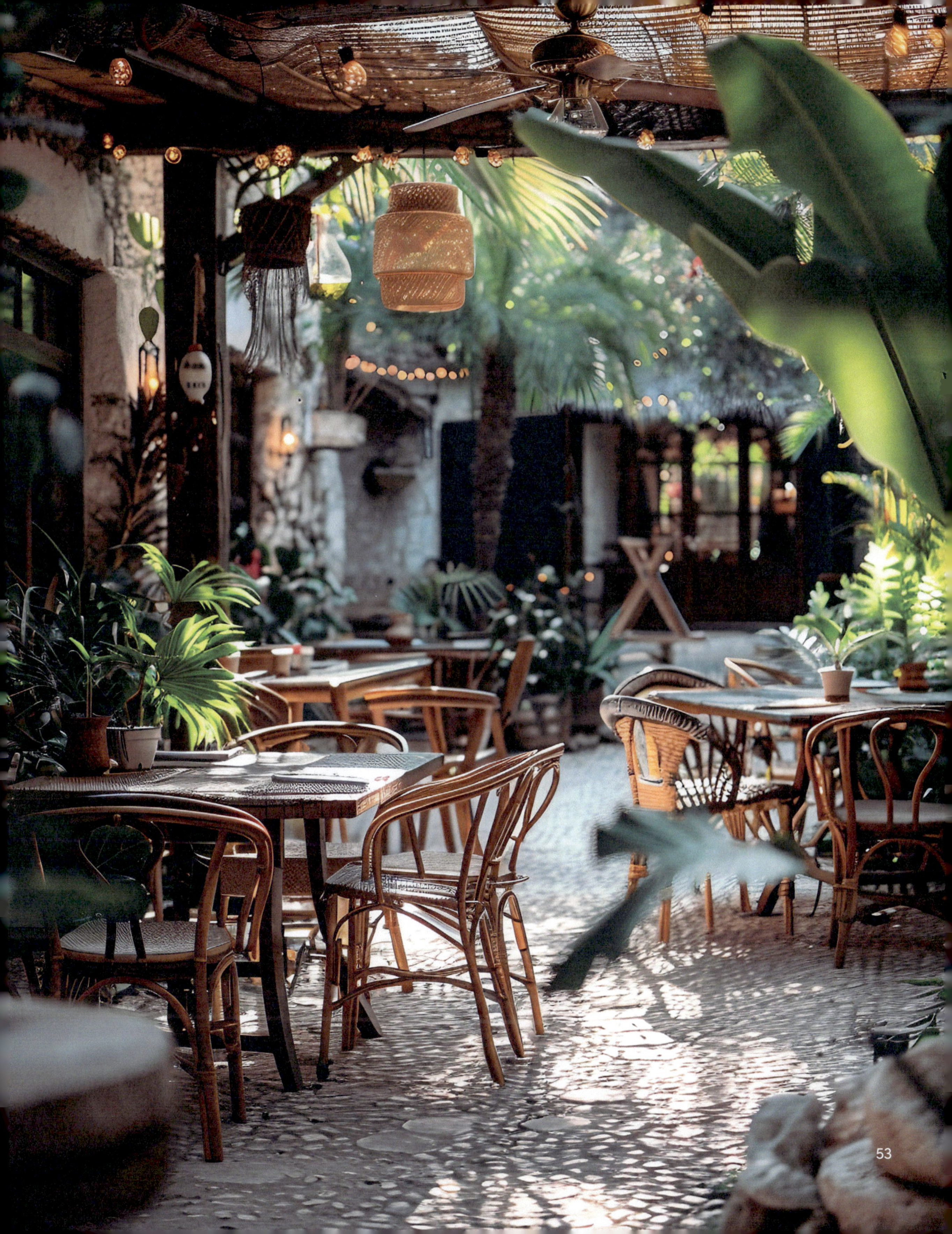

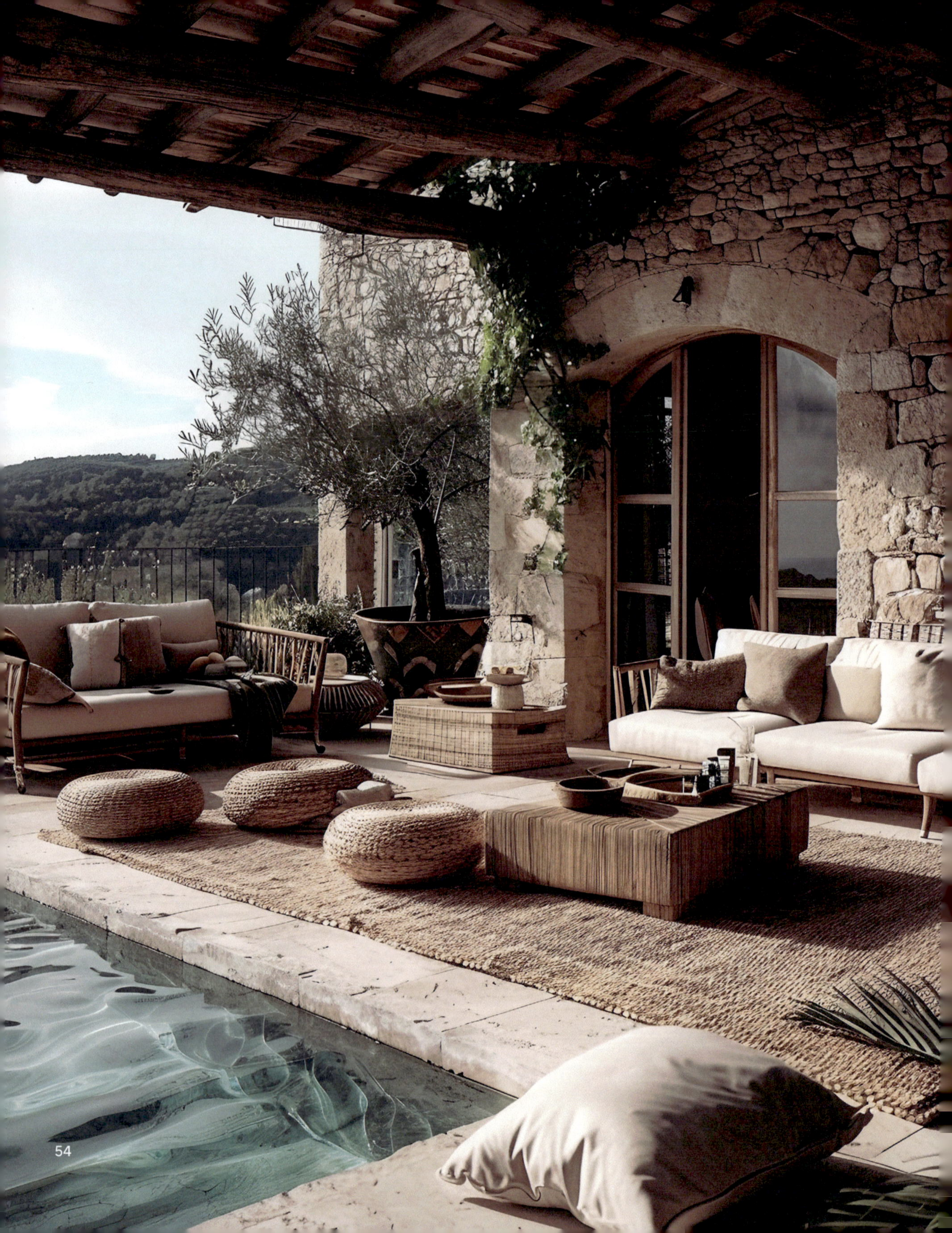

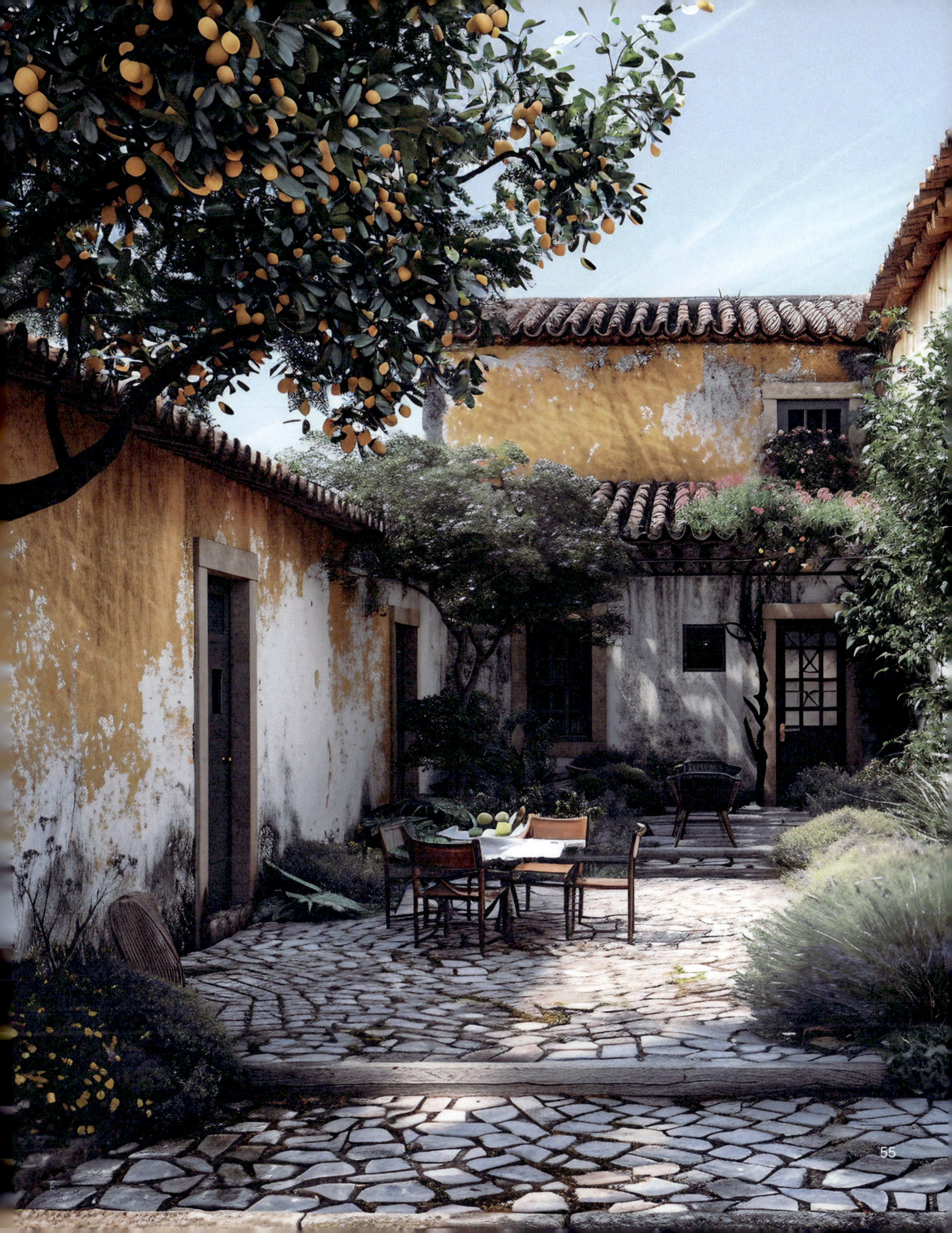

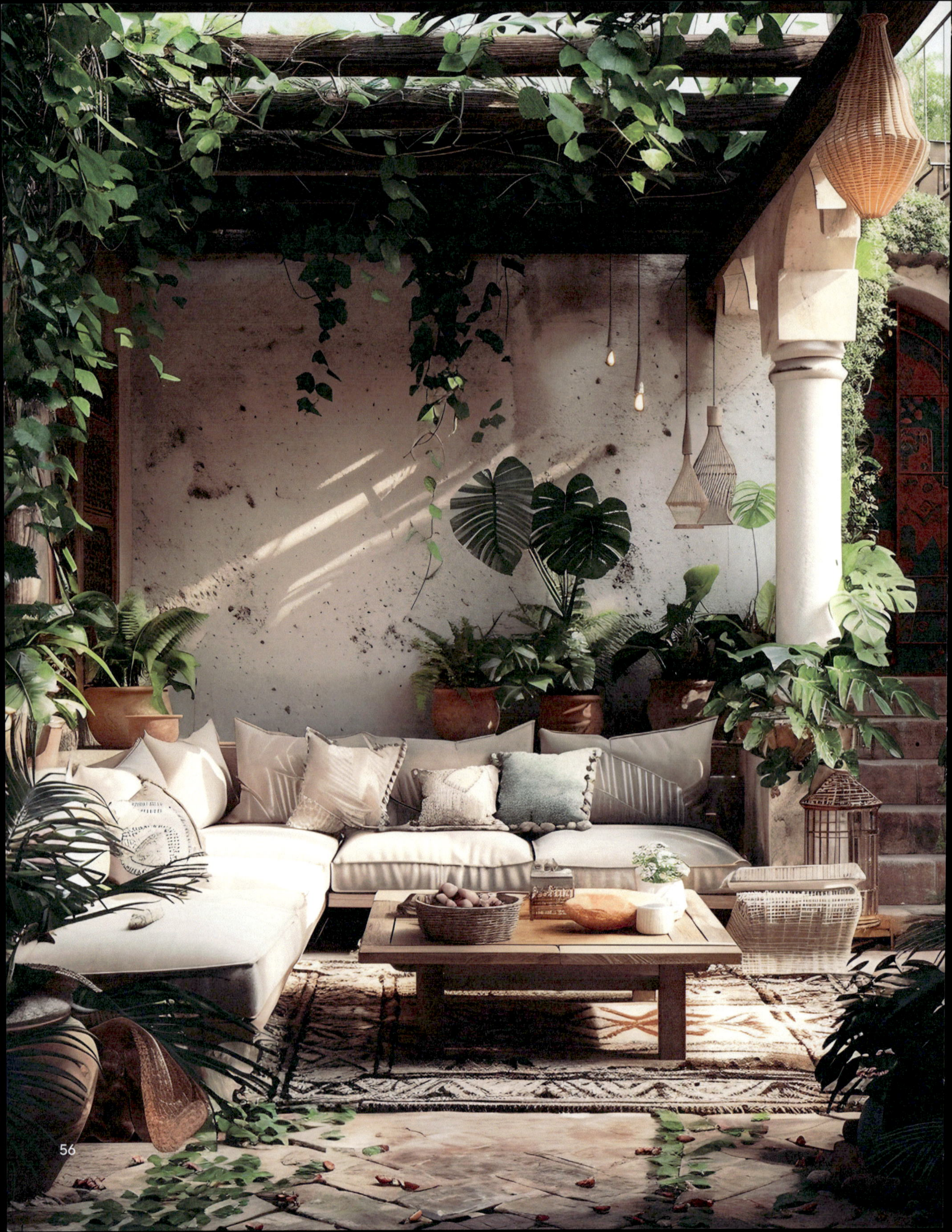

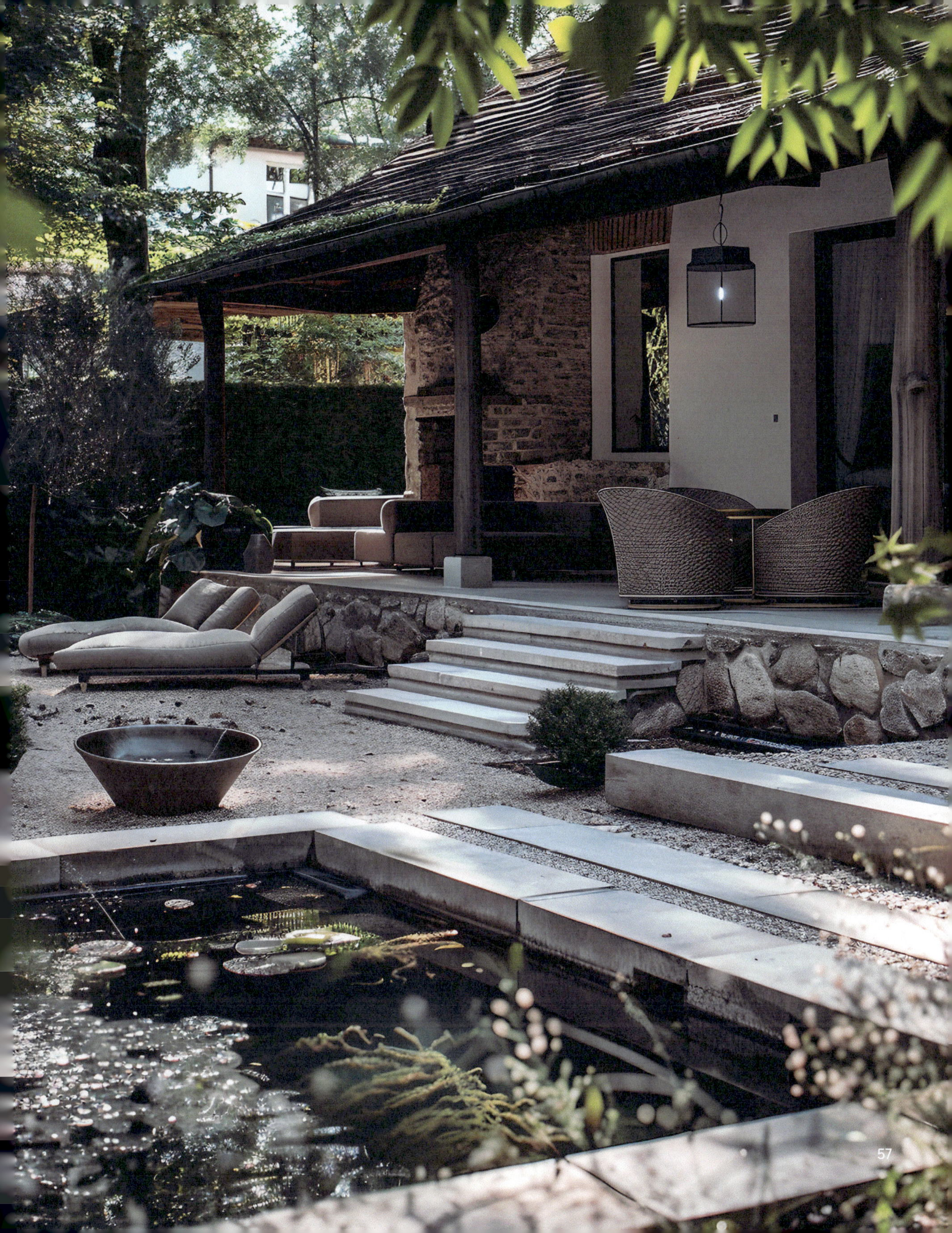

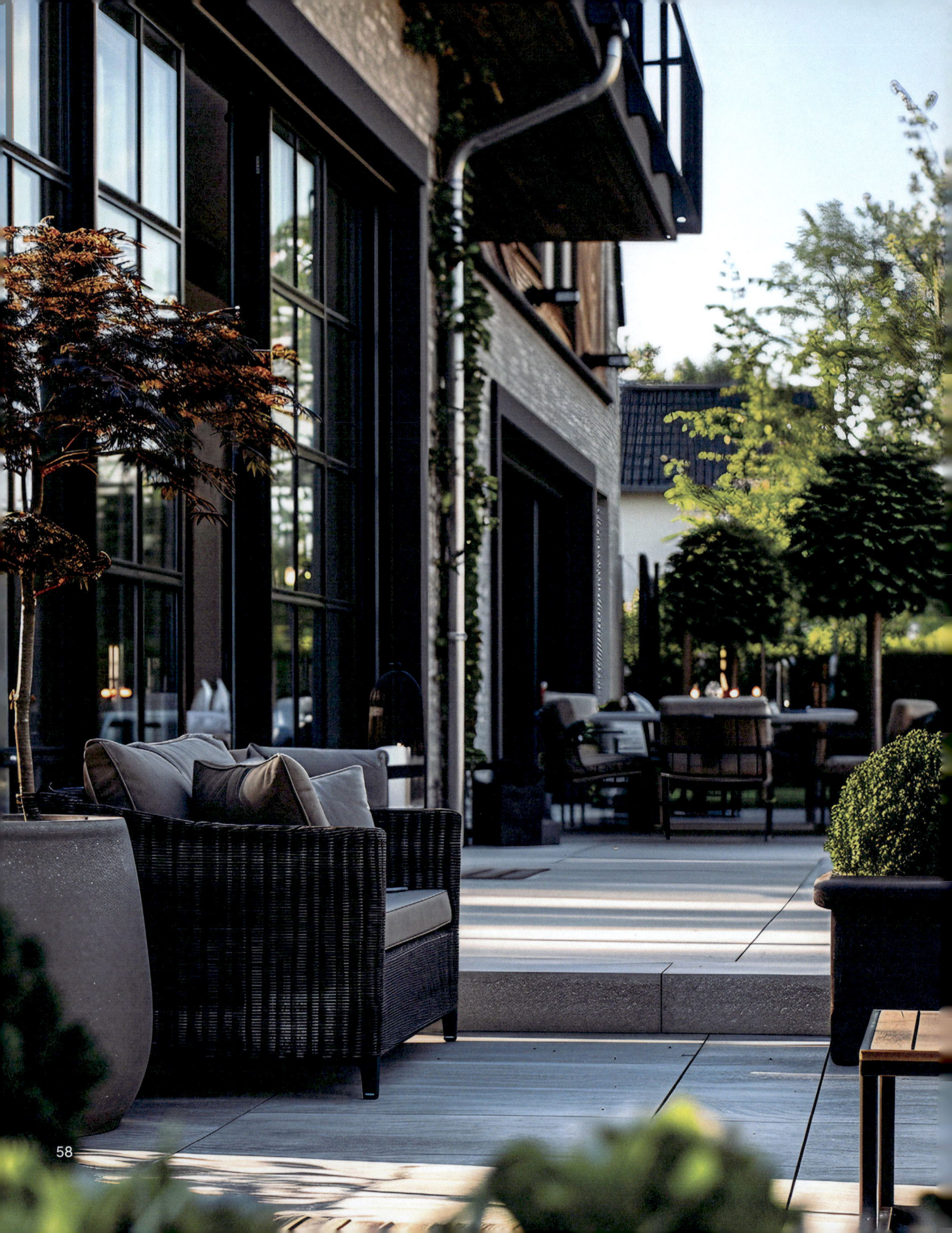

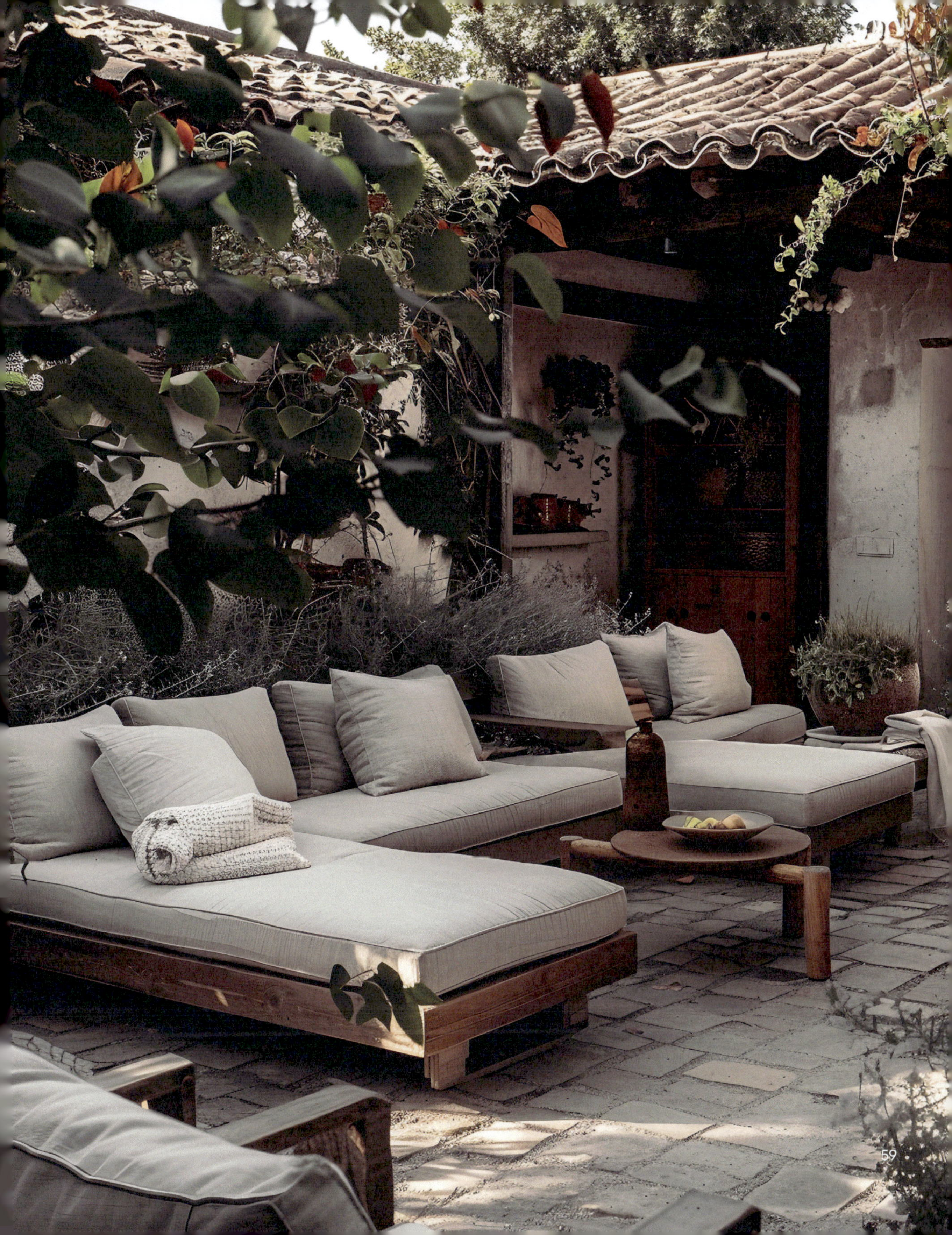

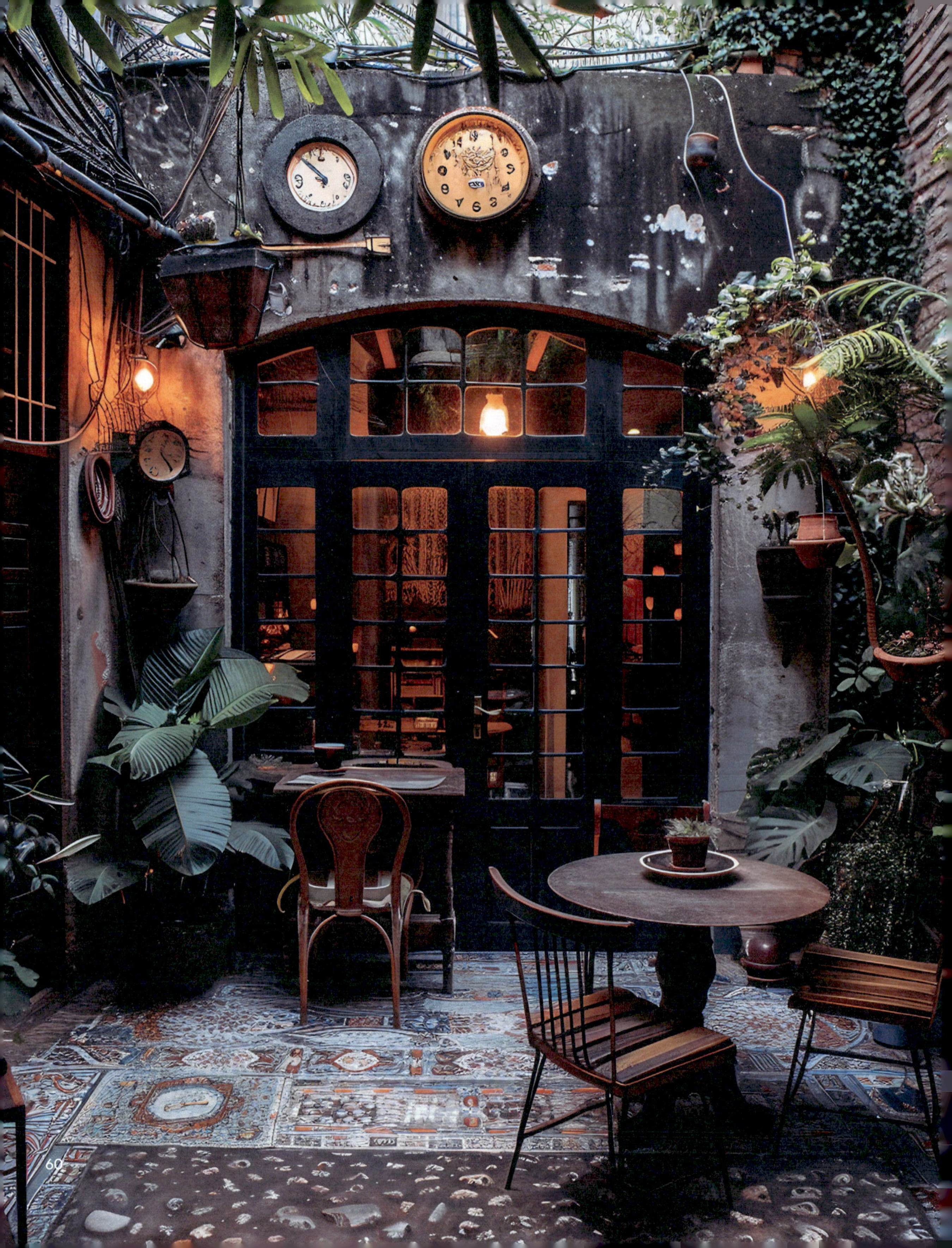

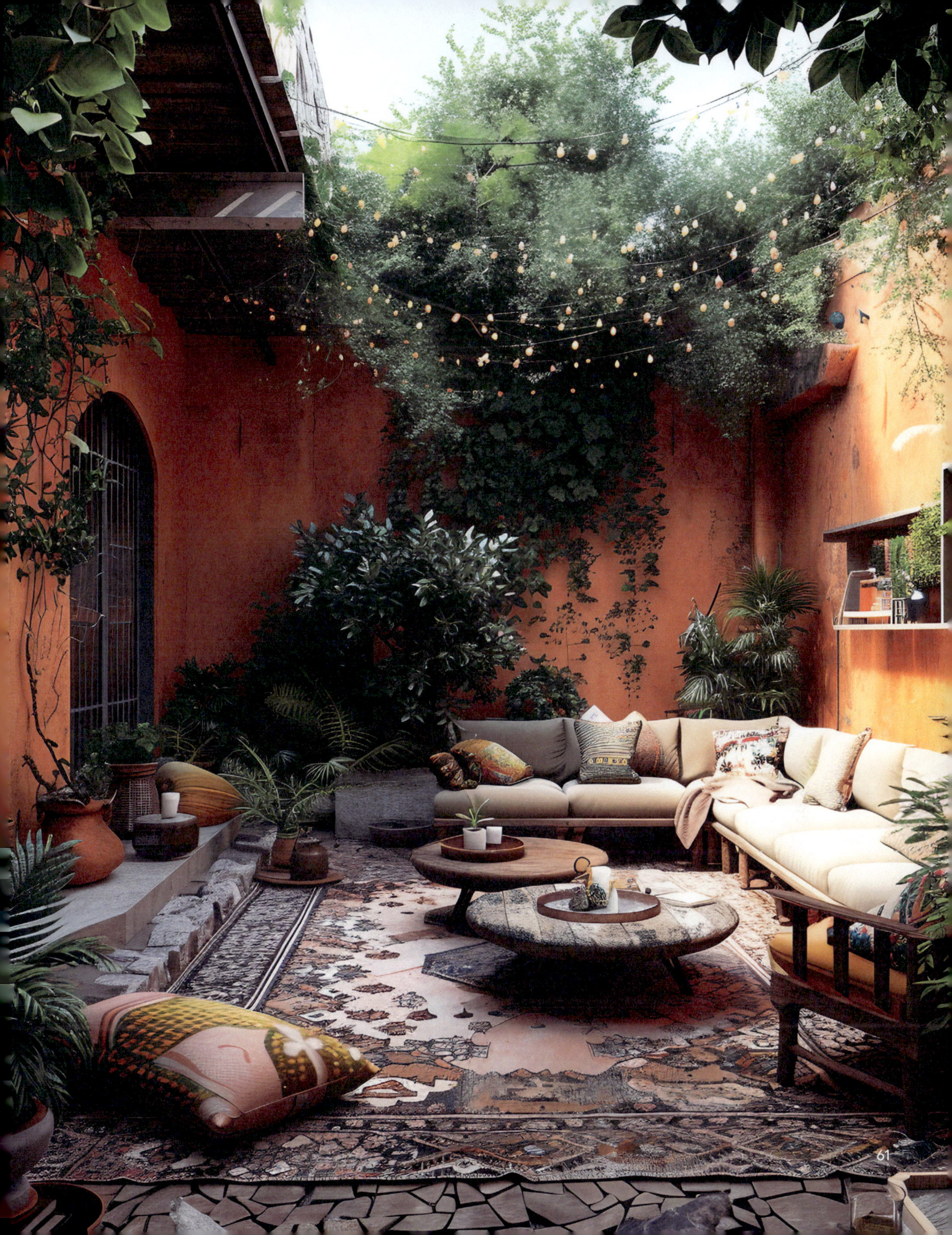

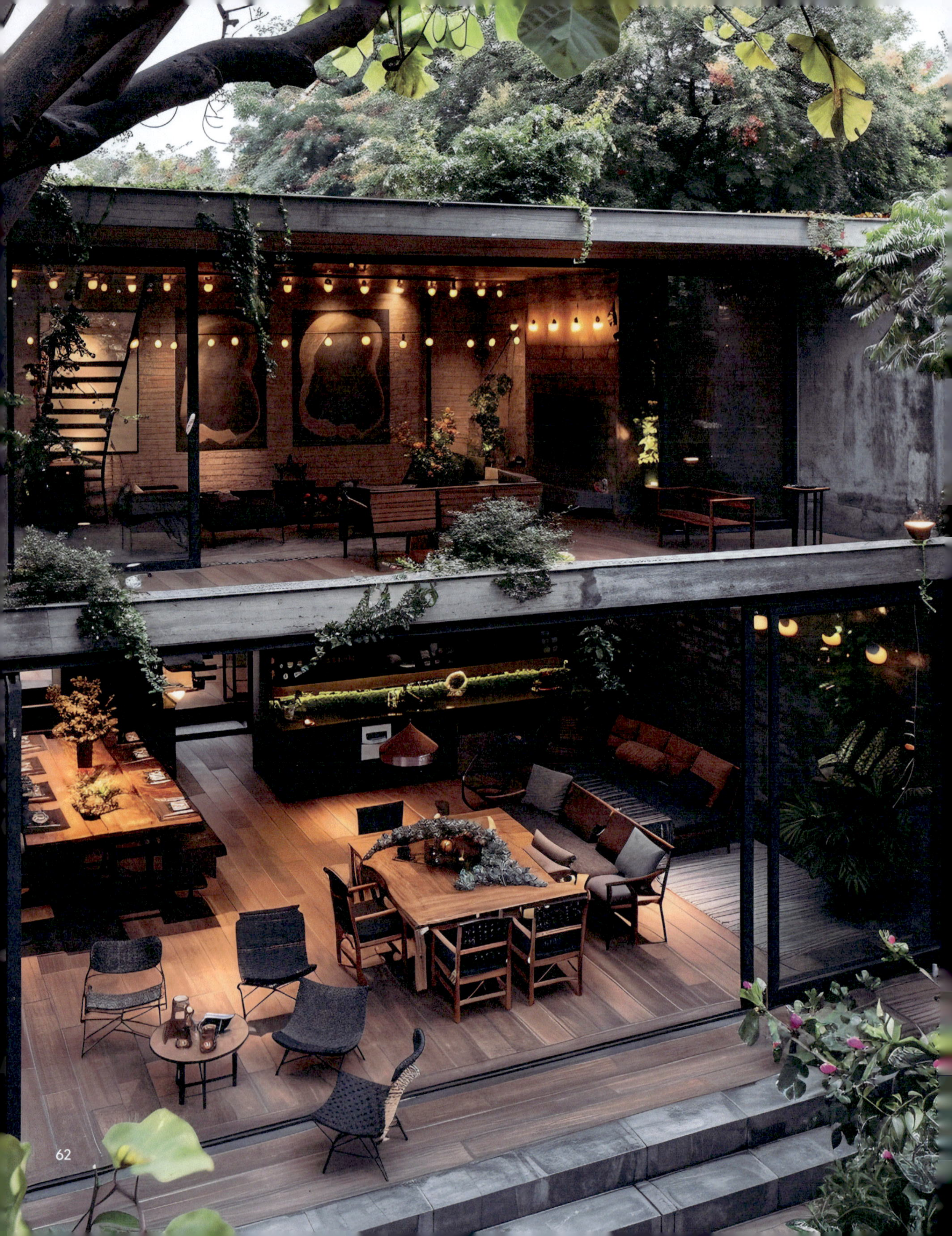

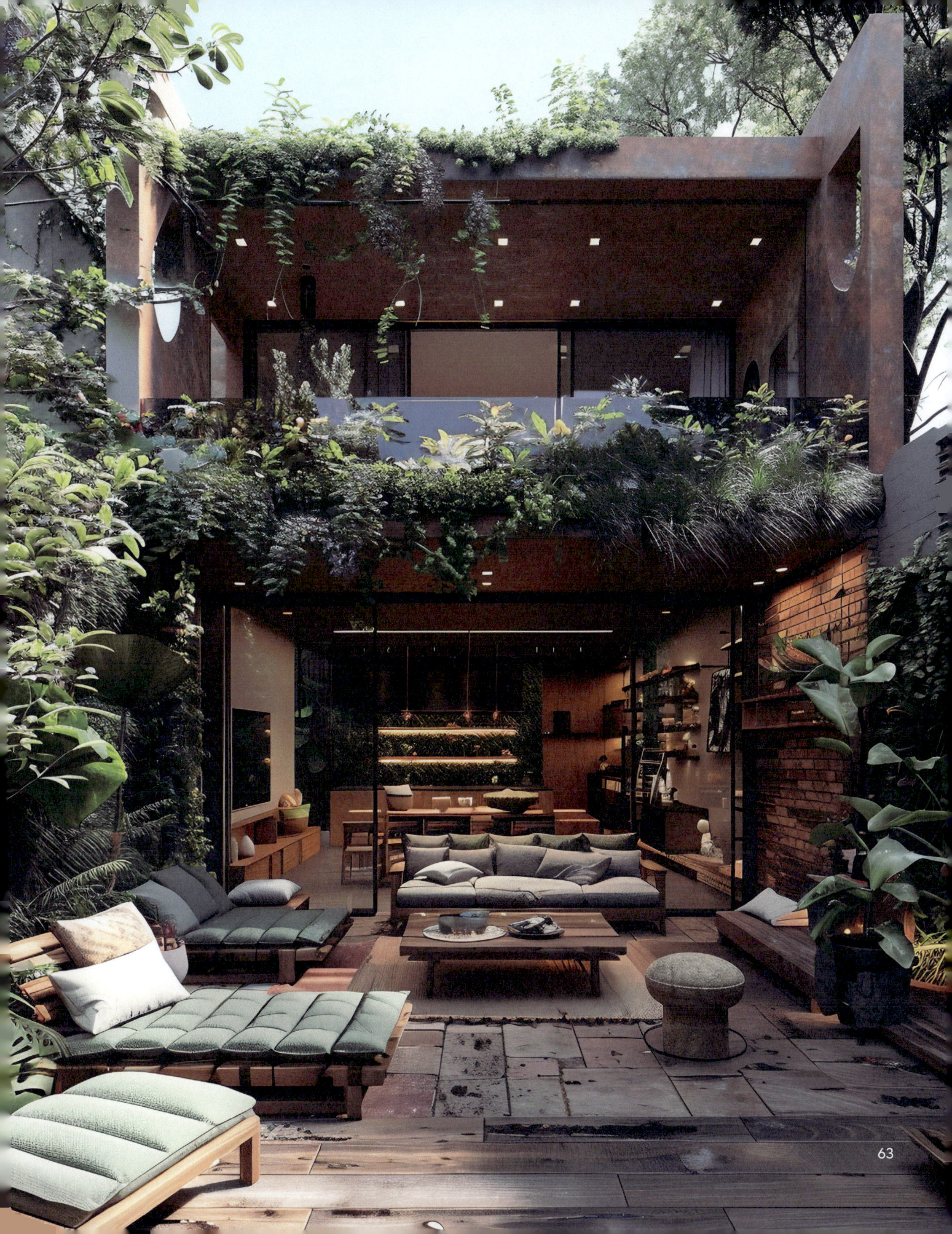

03

/// TERRASSE DE MAISON - BOIS /

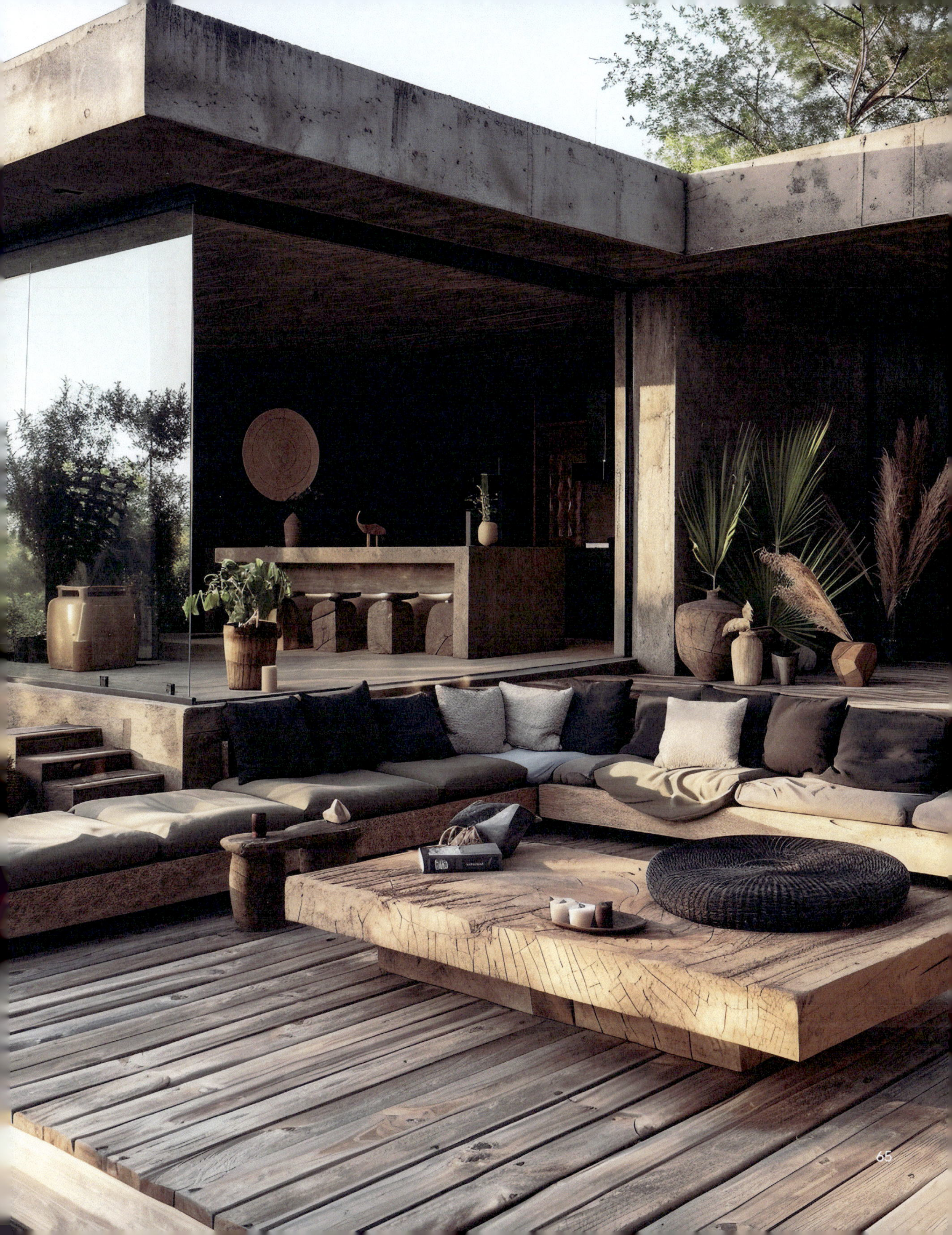

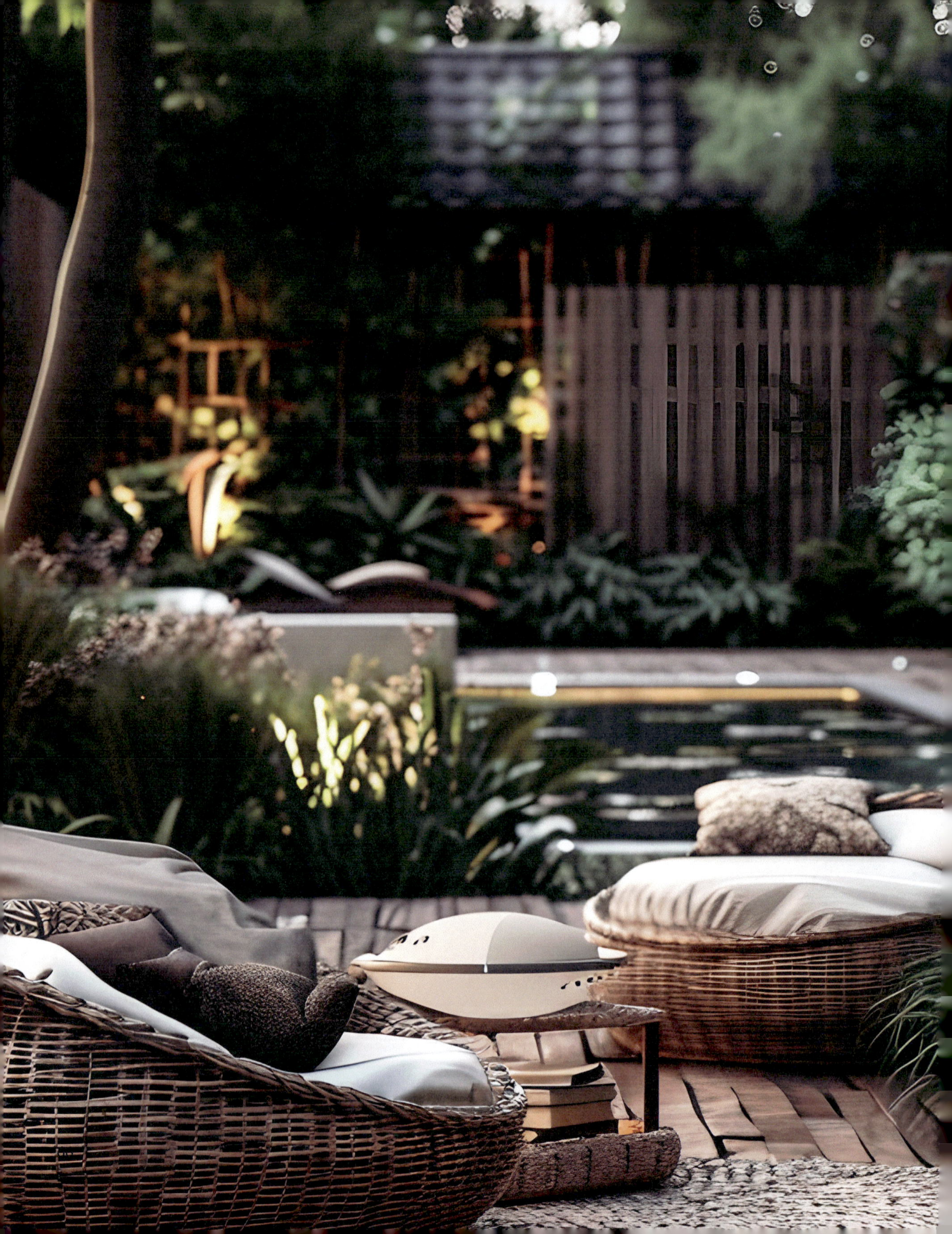

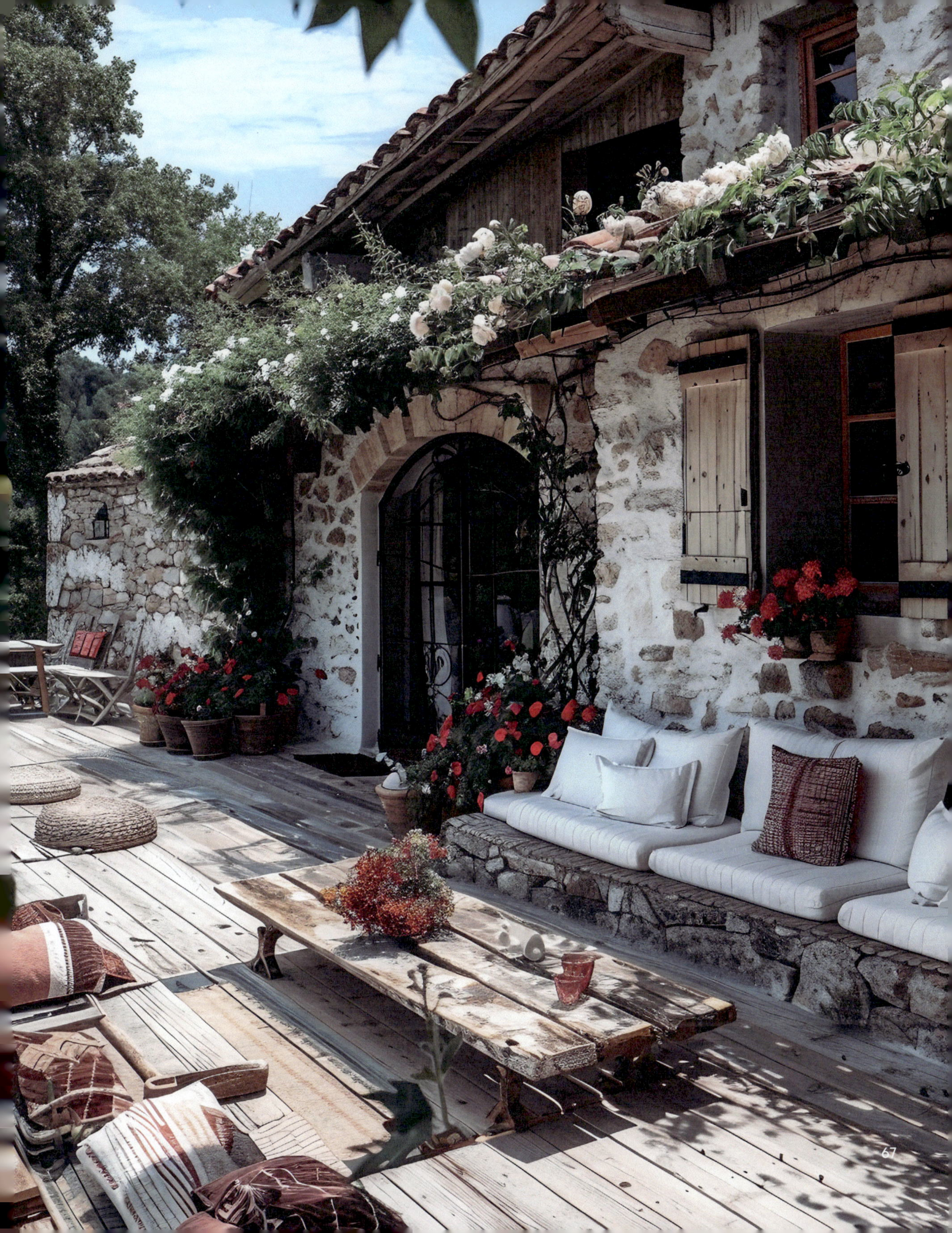

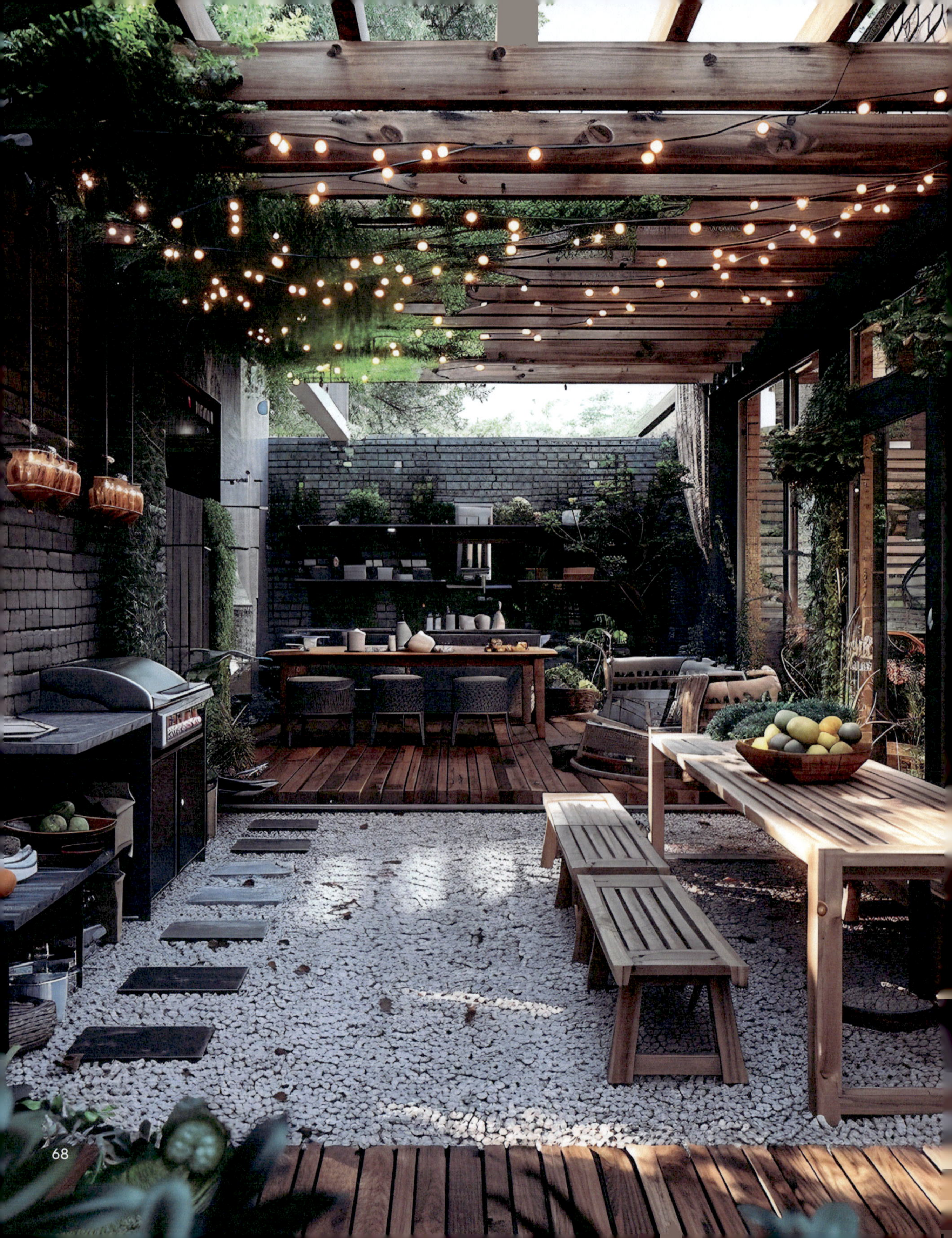

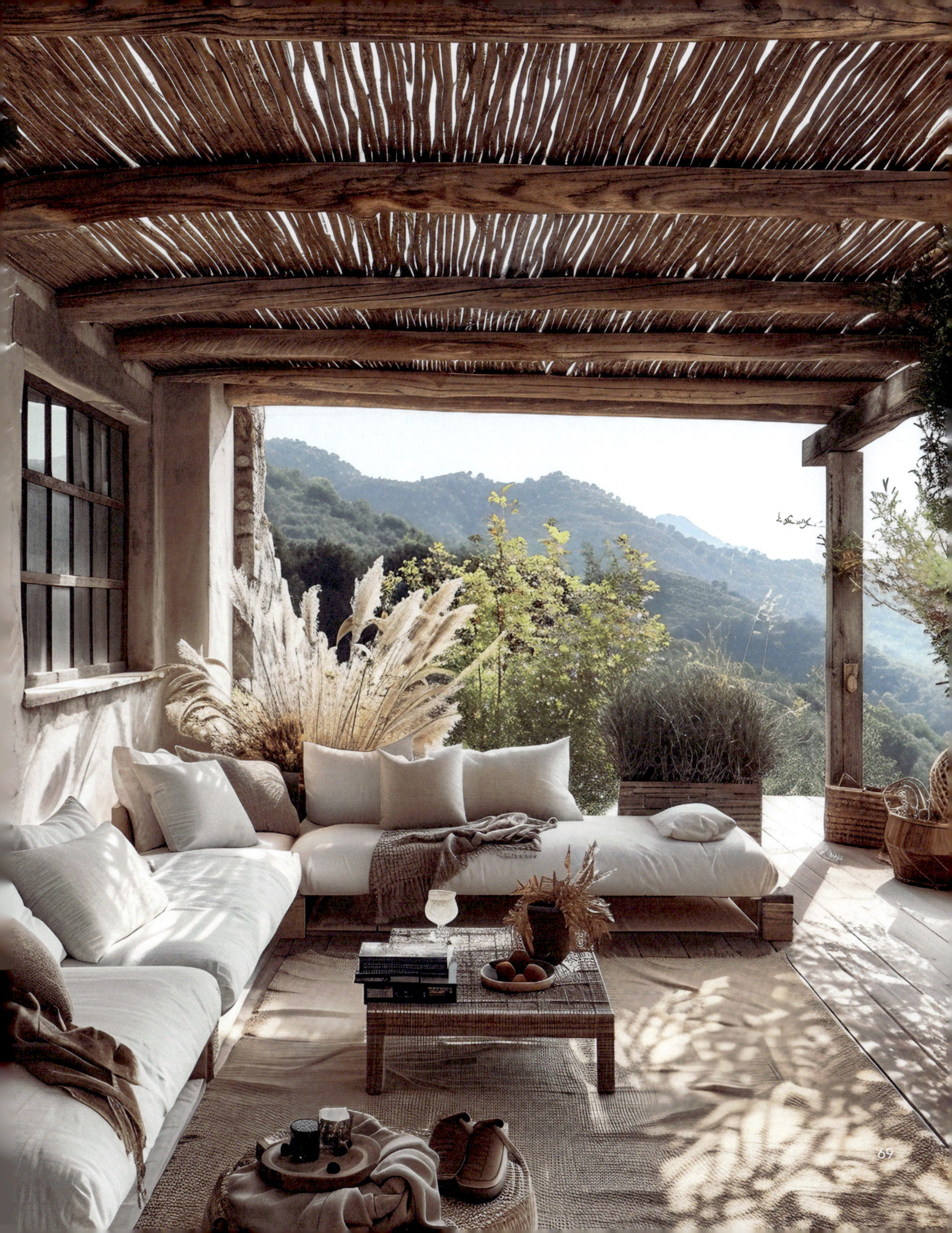

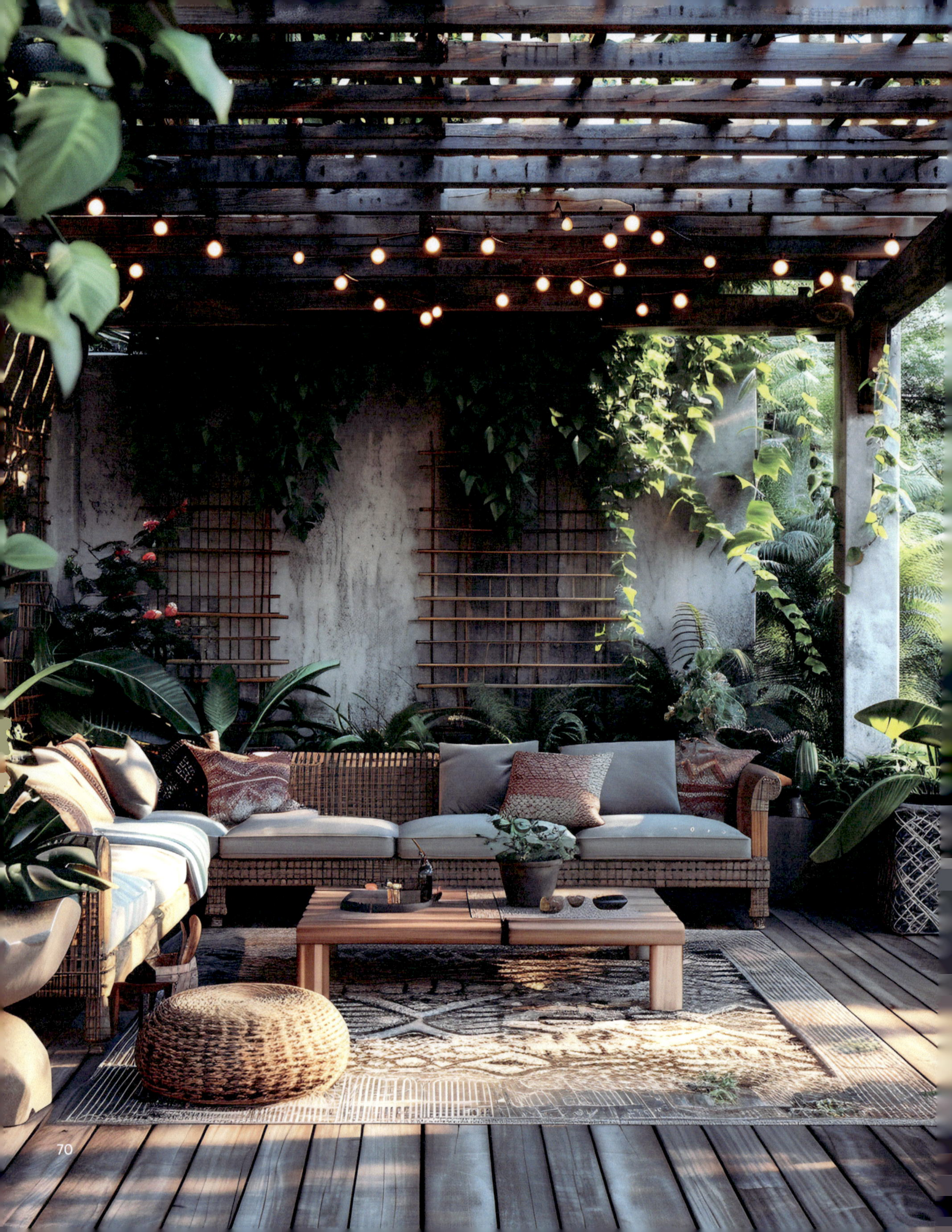

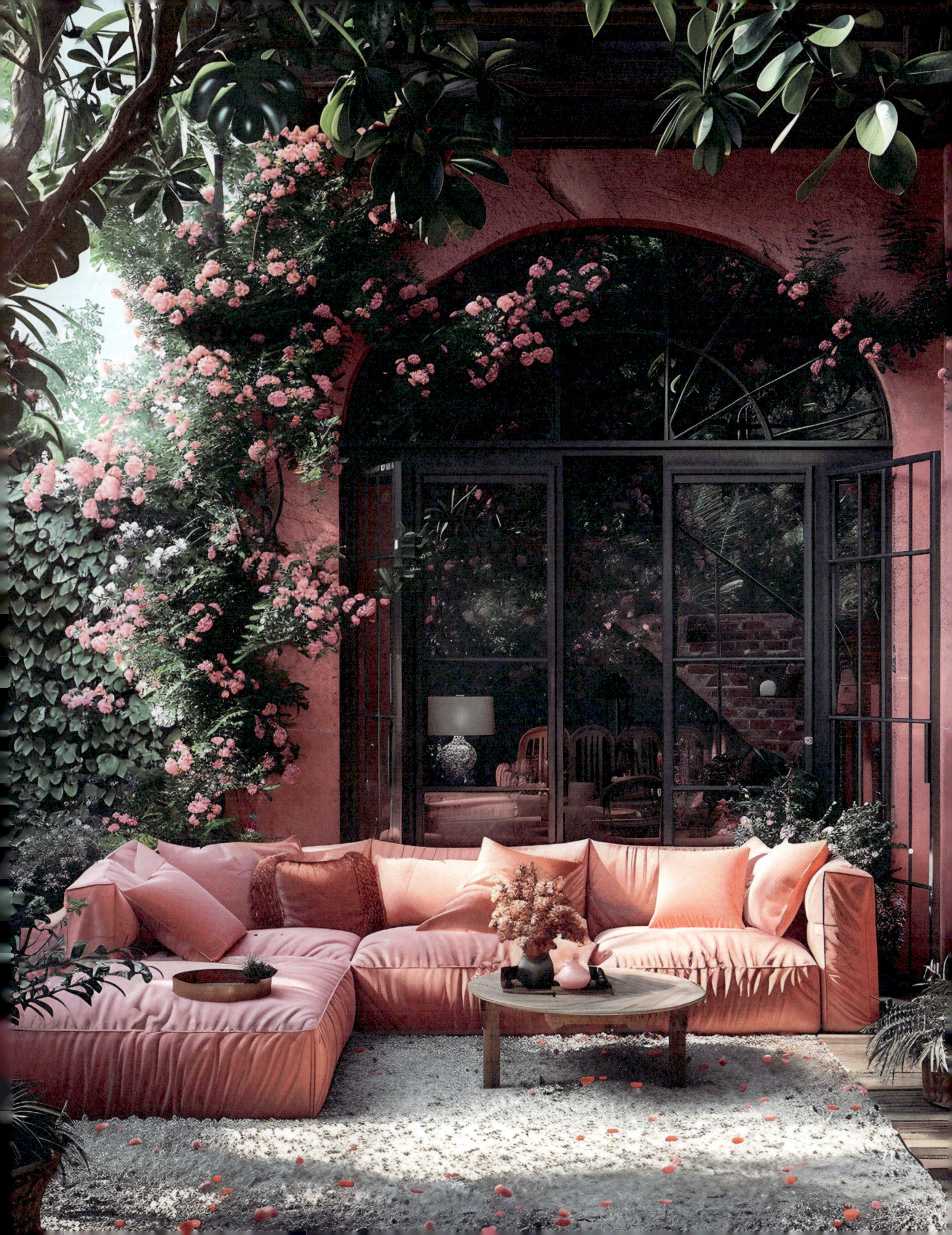

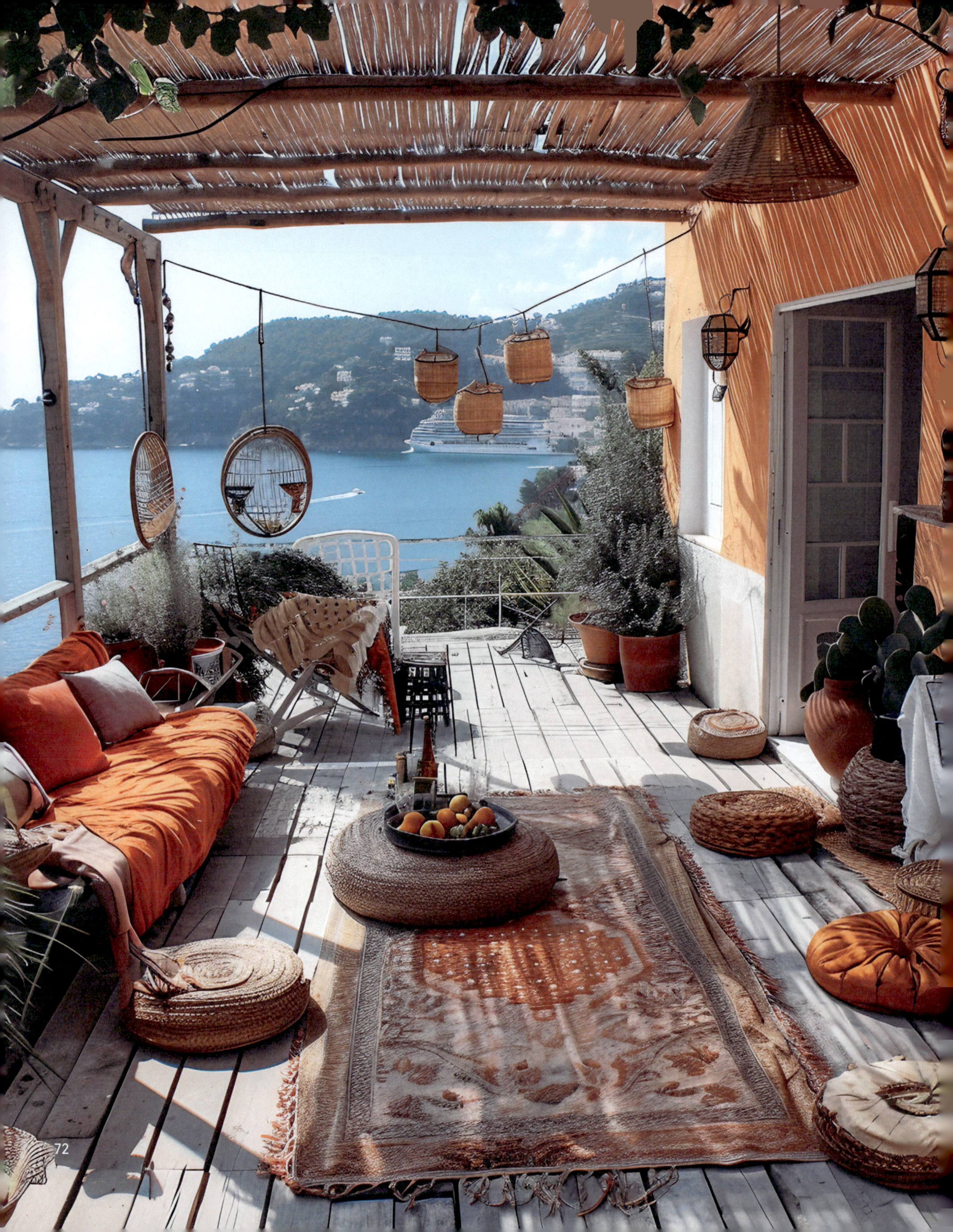

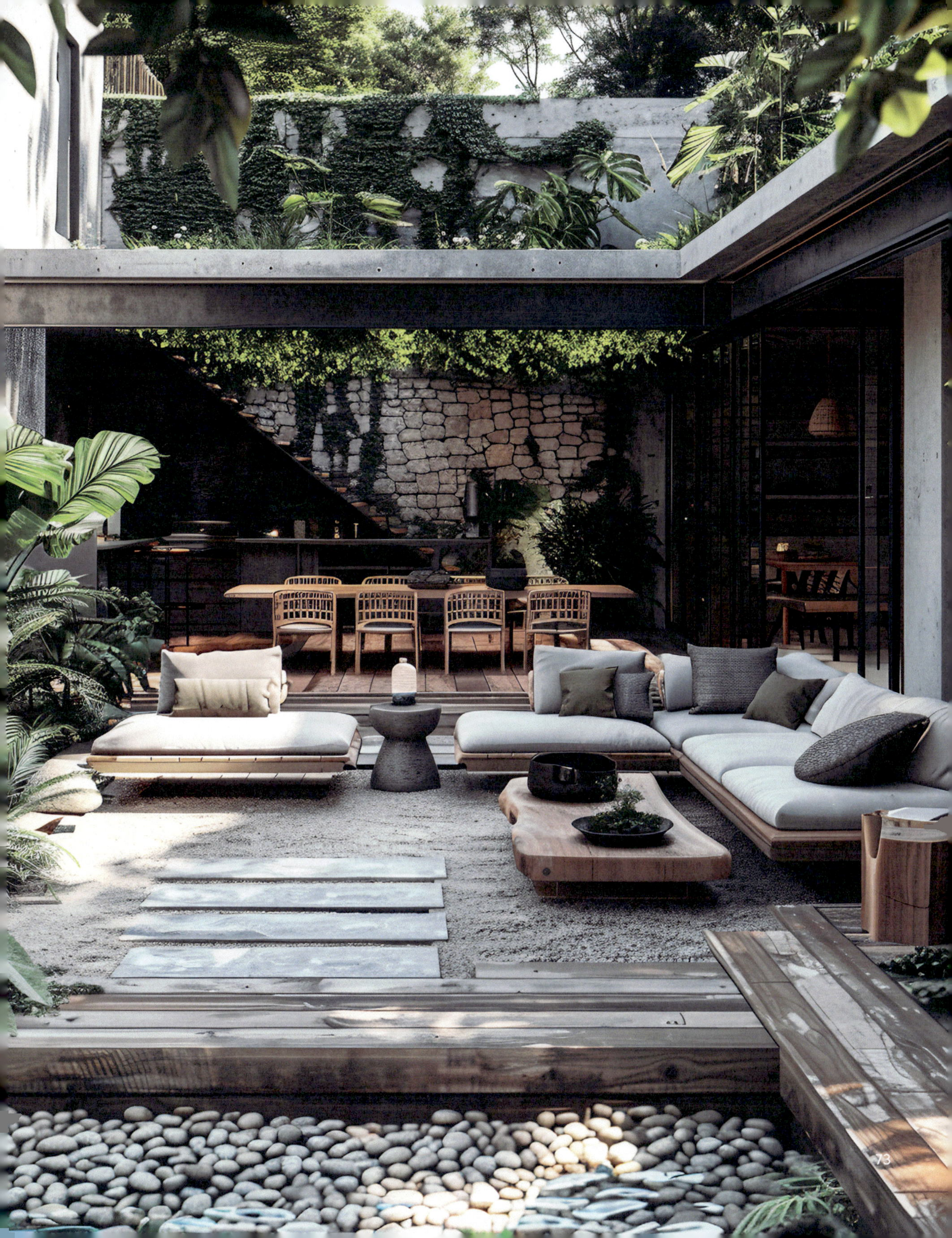

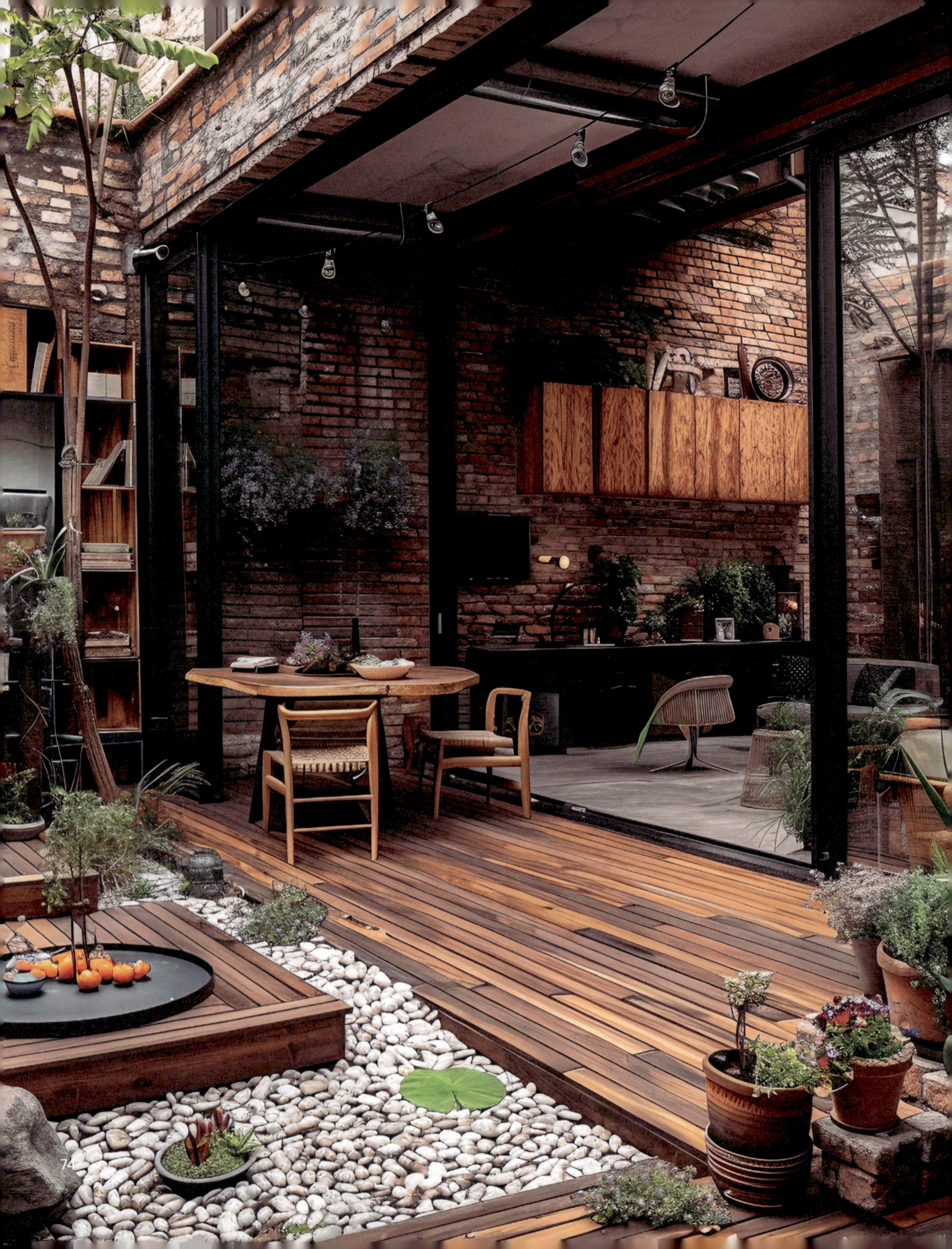

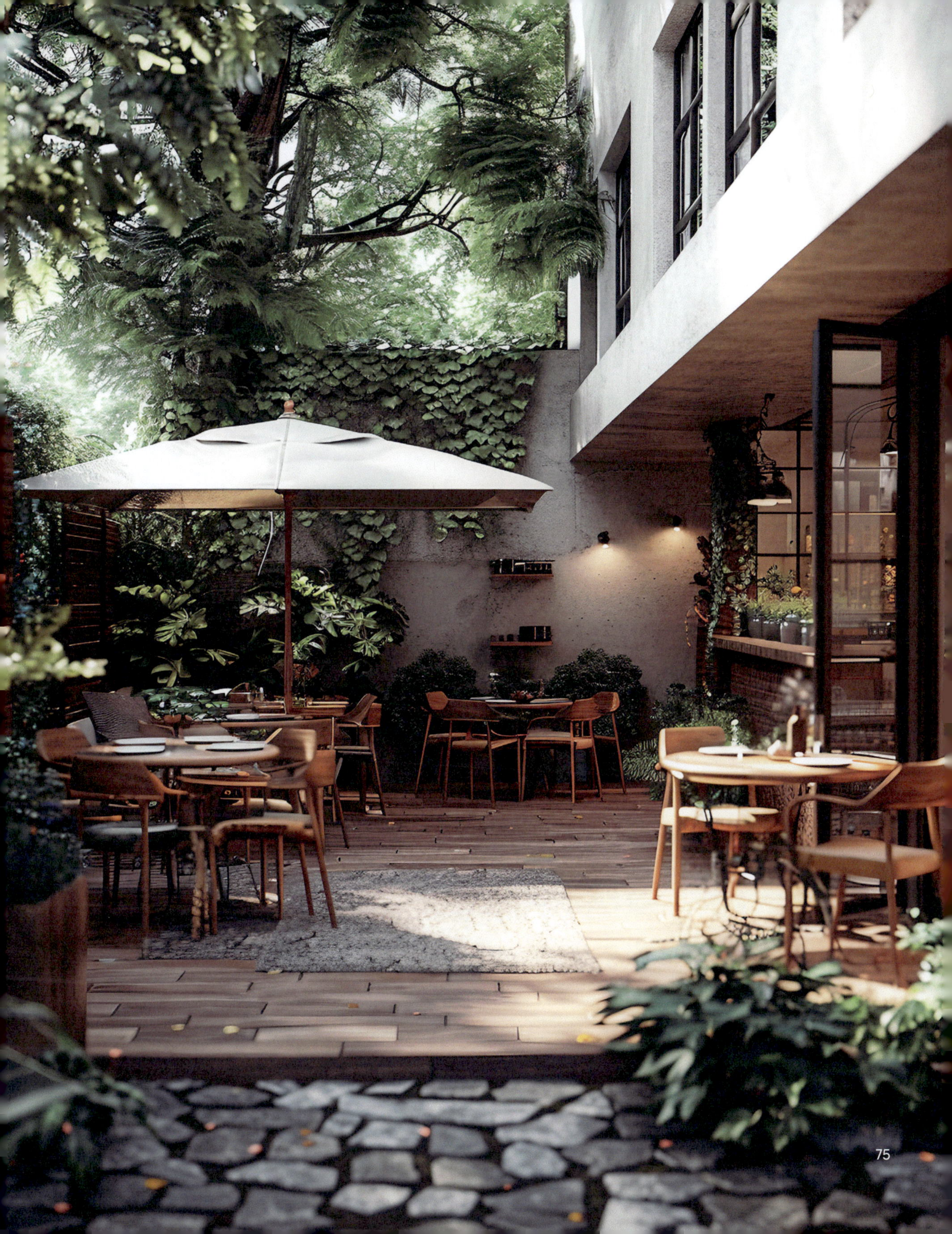

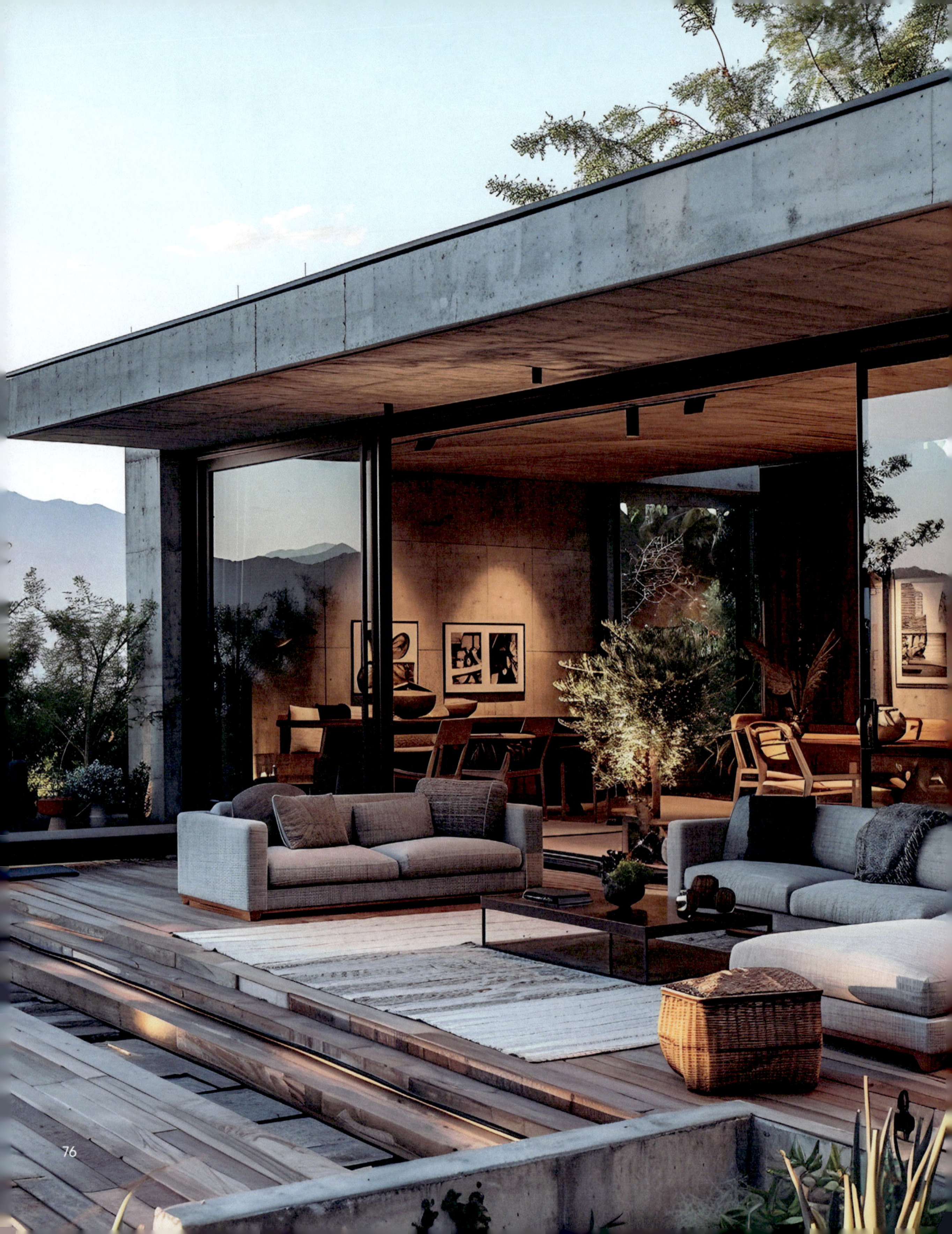

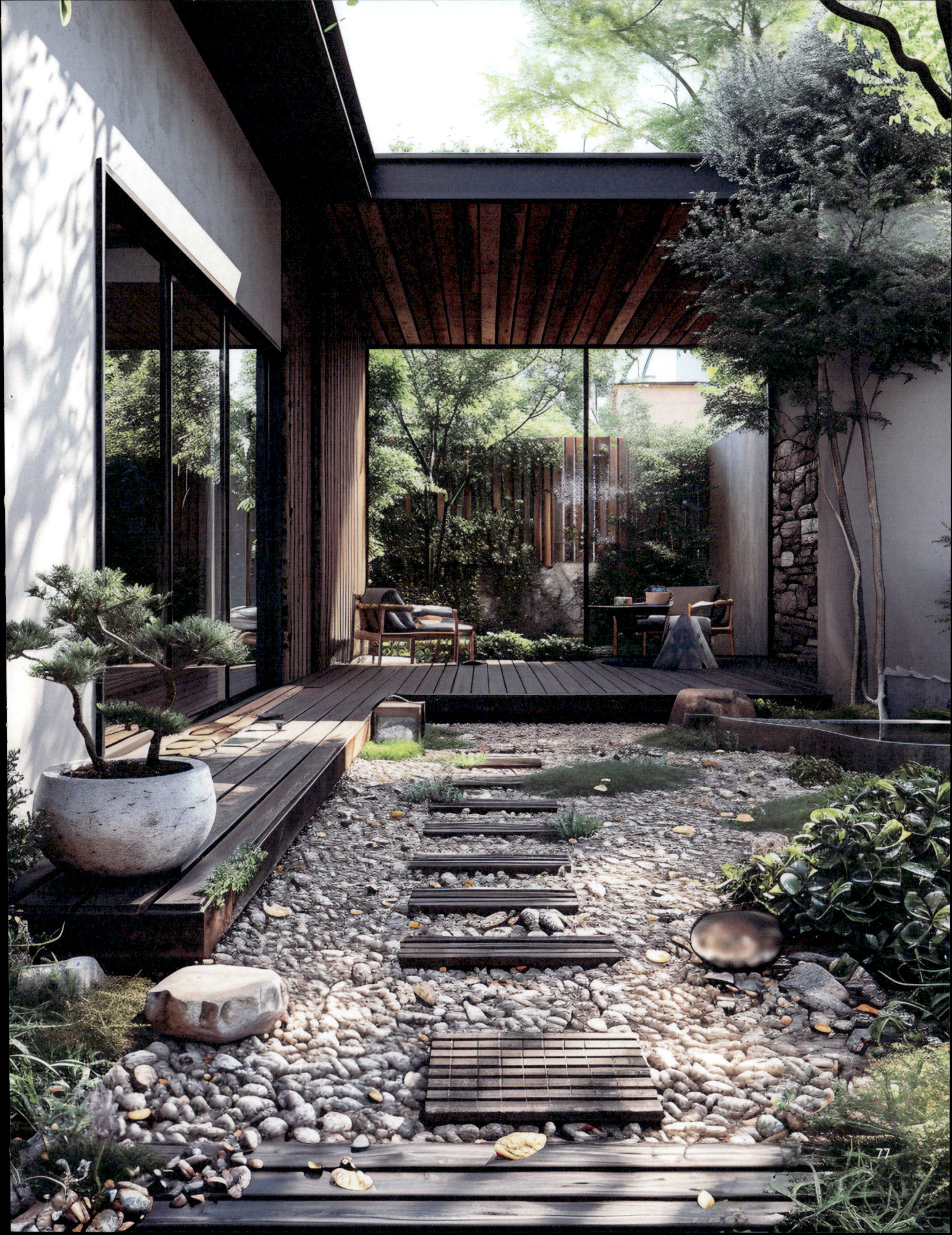

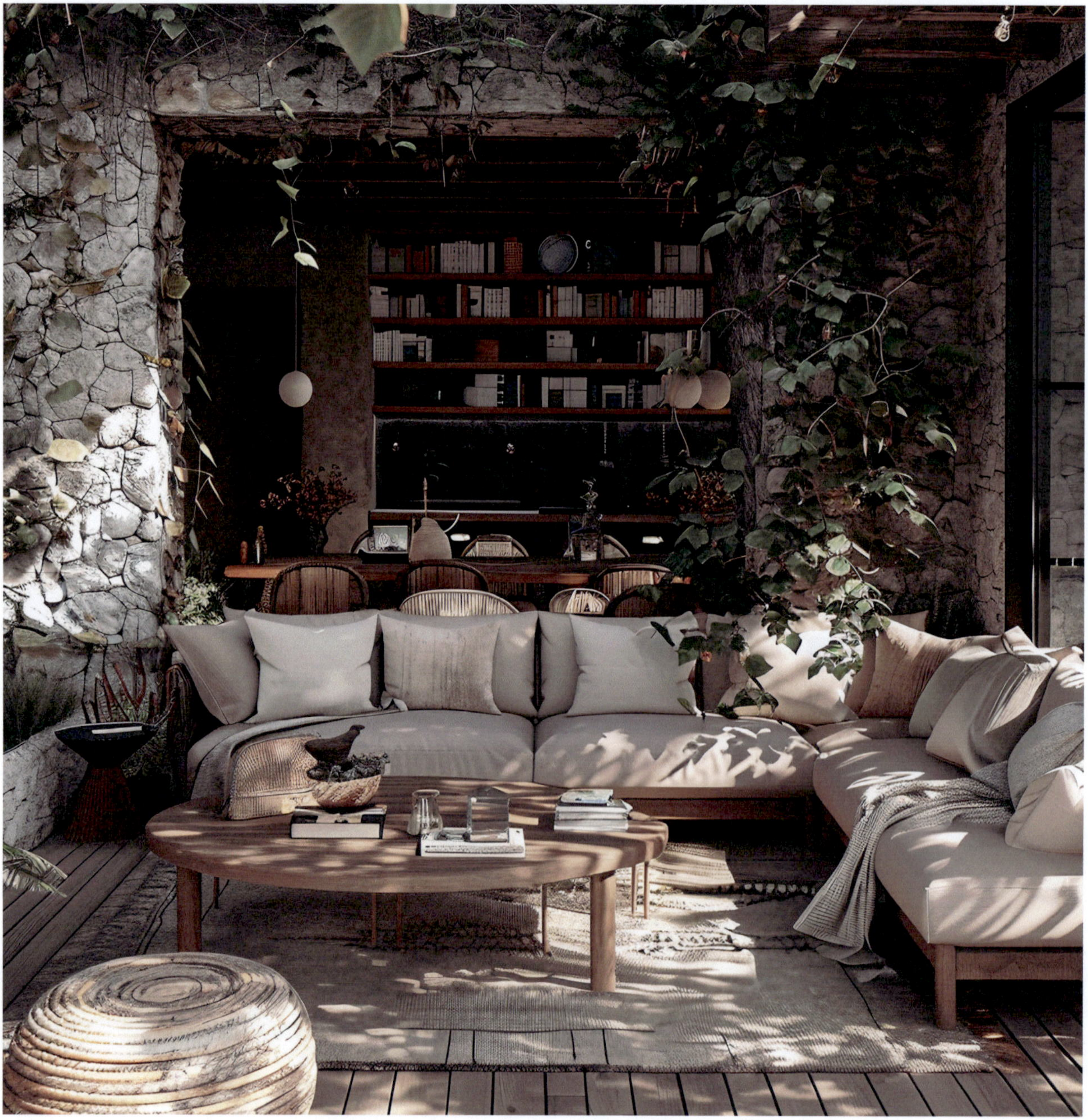

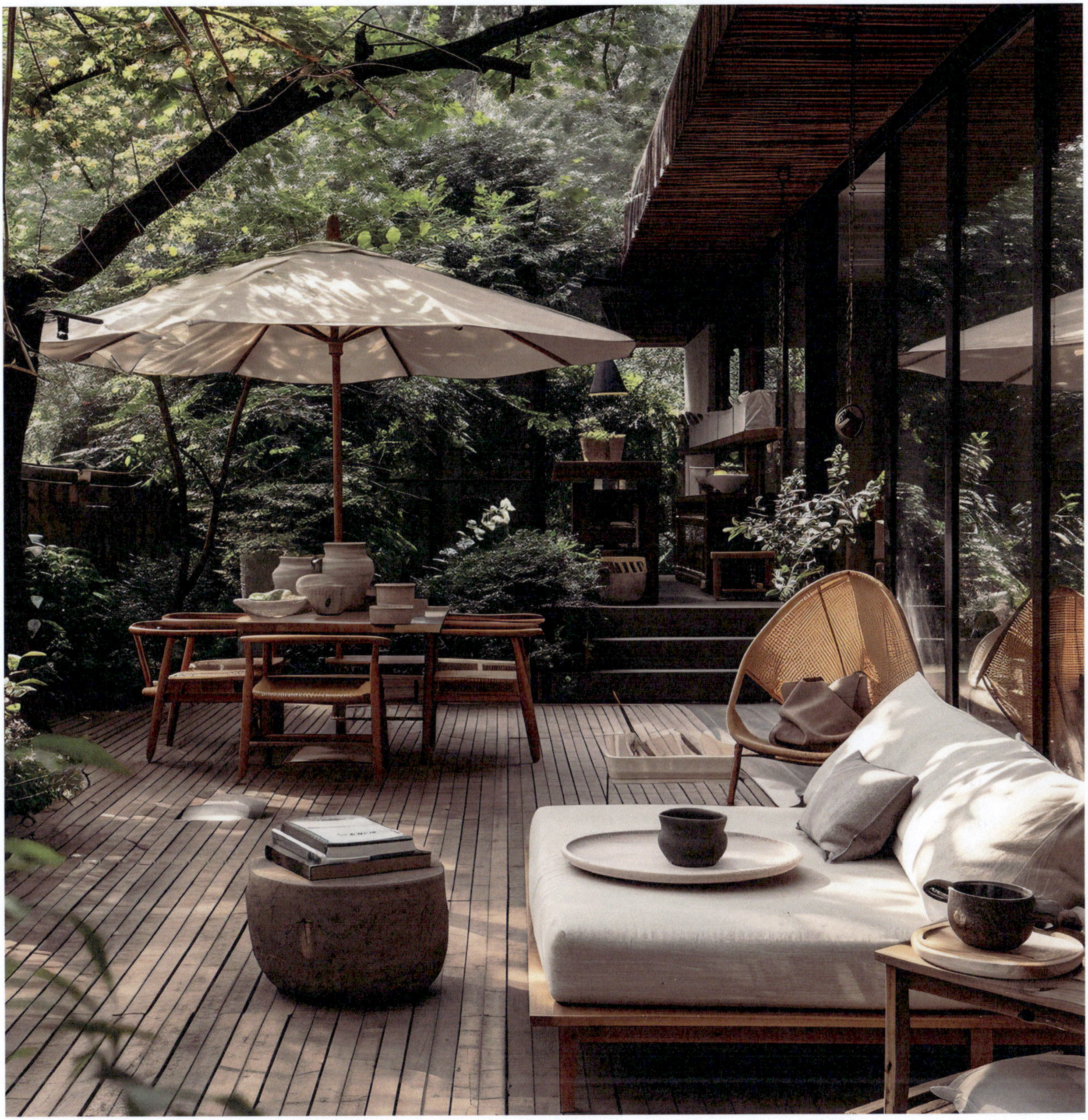

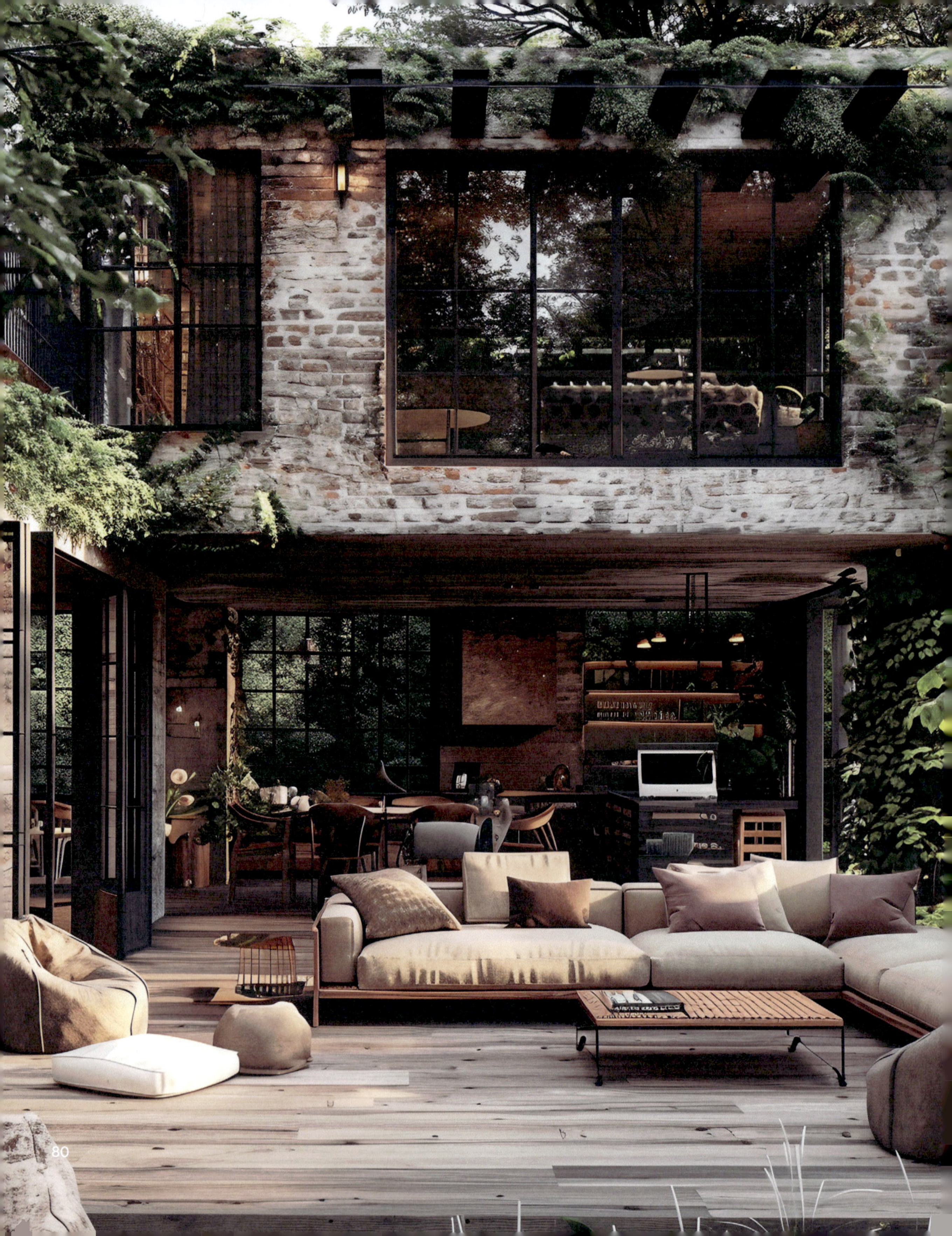

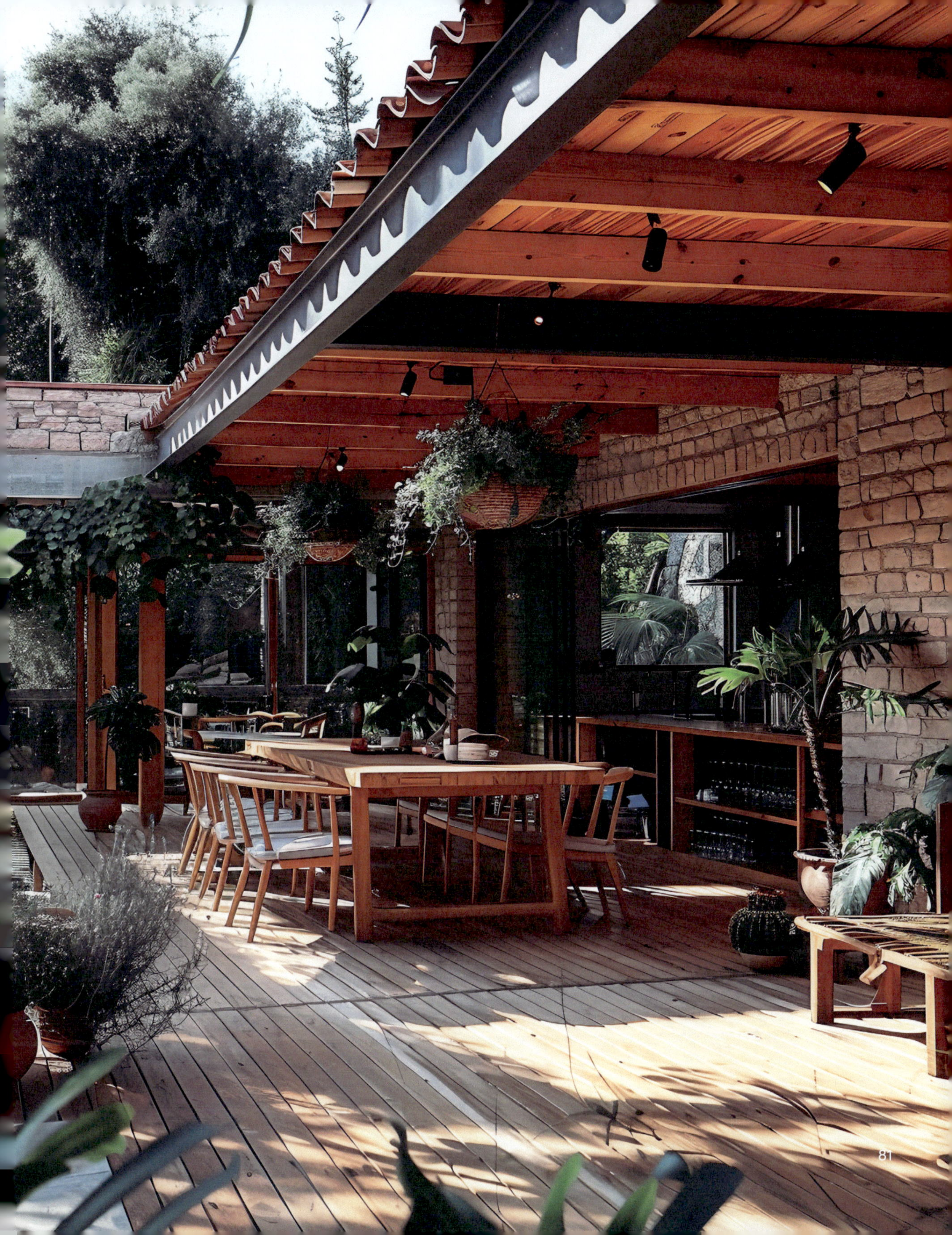

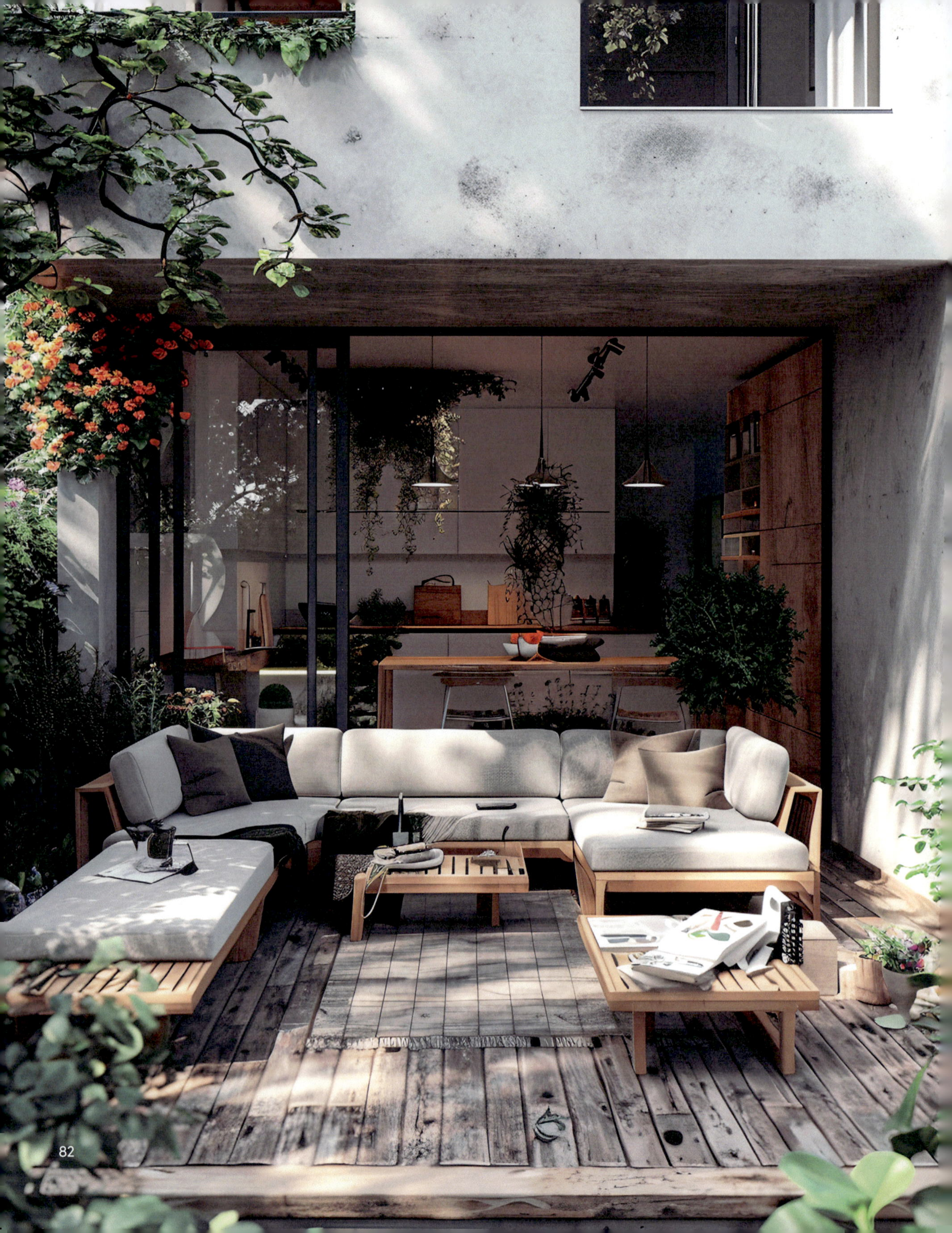

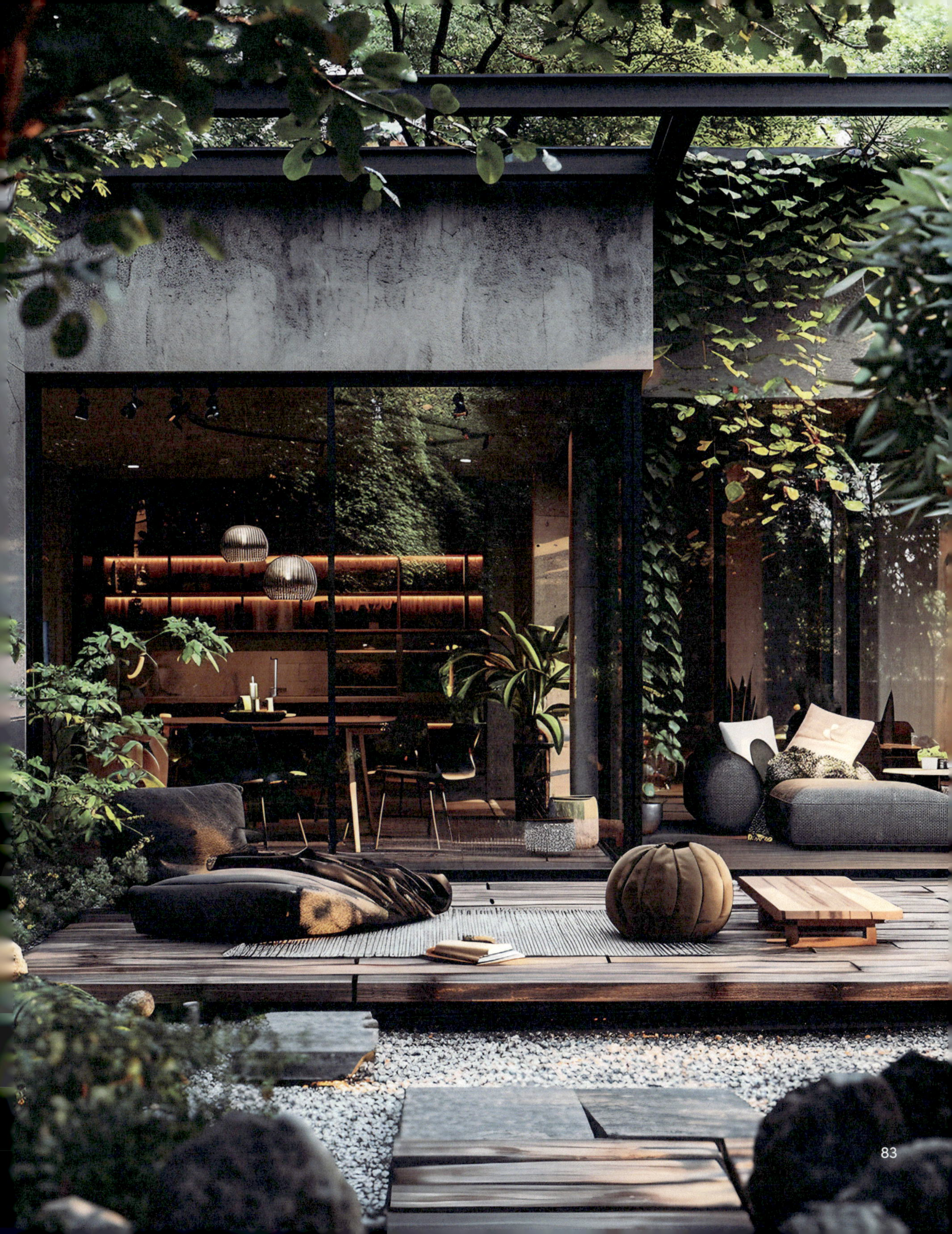

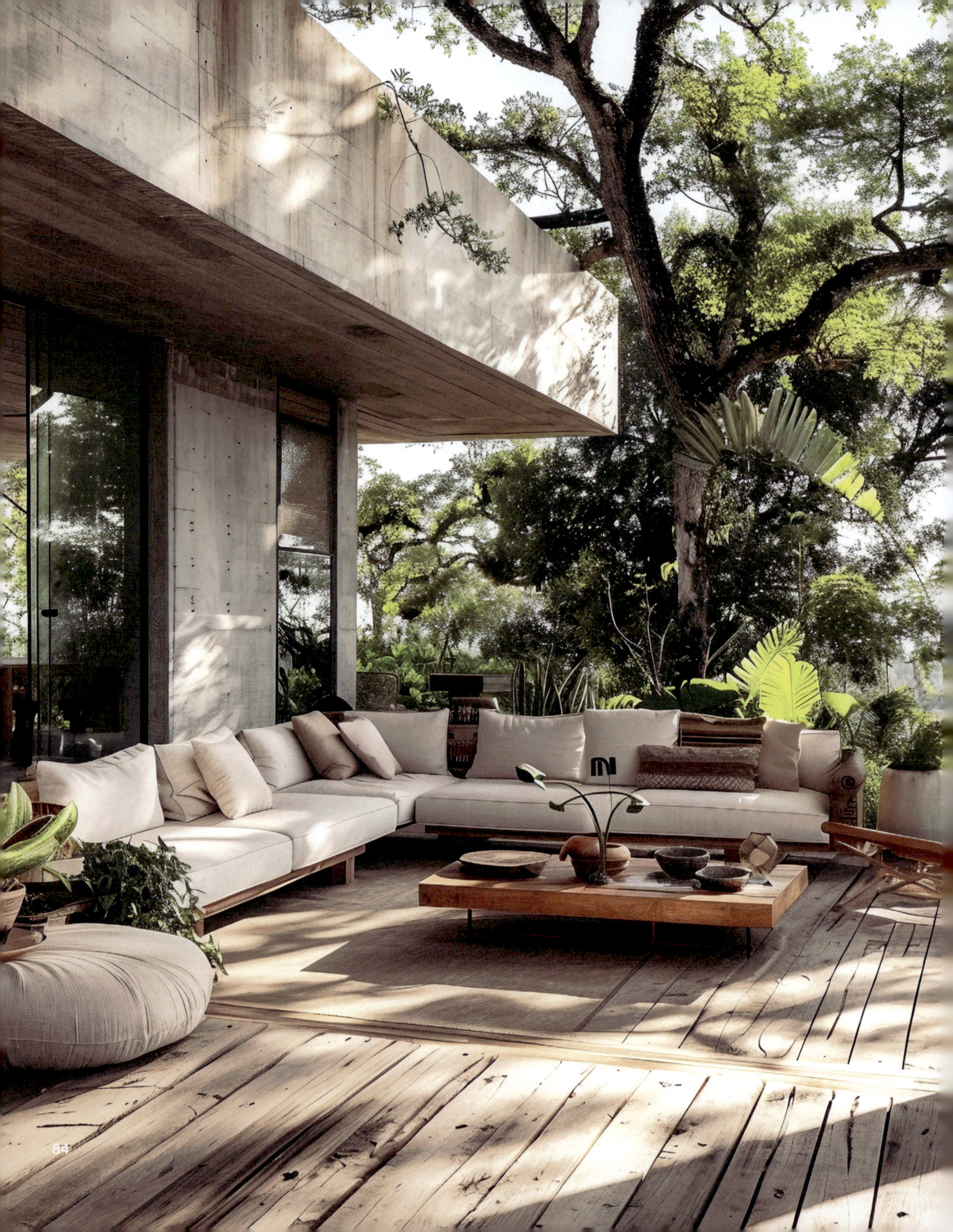

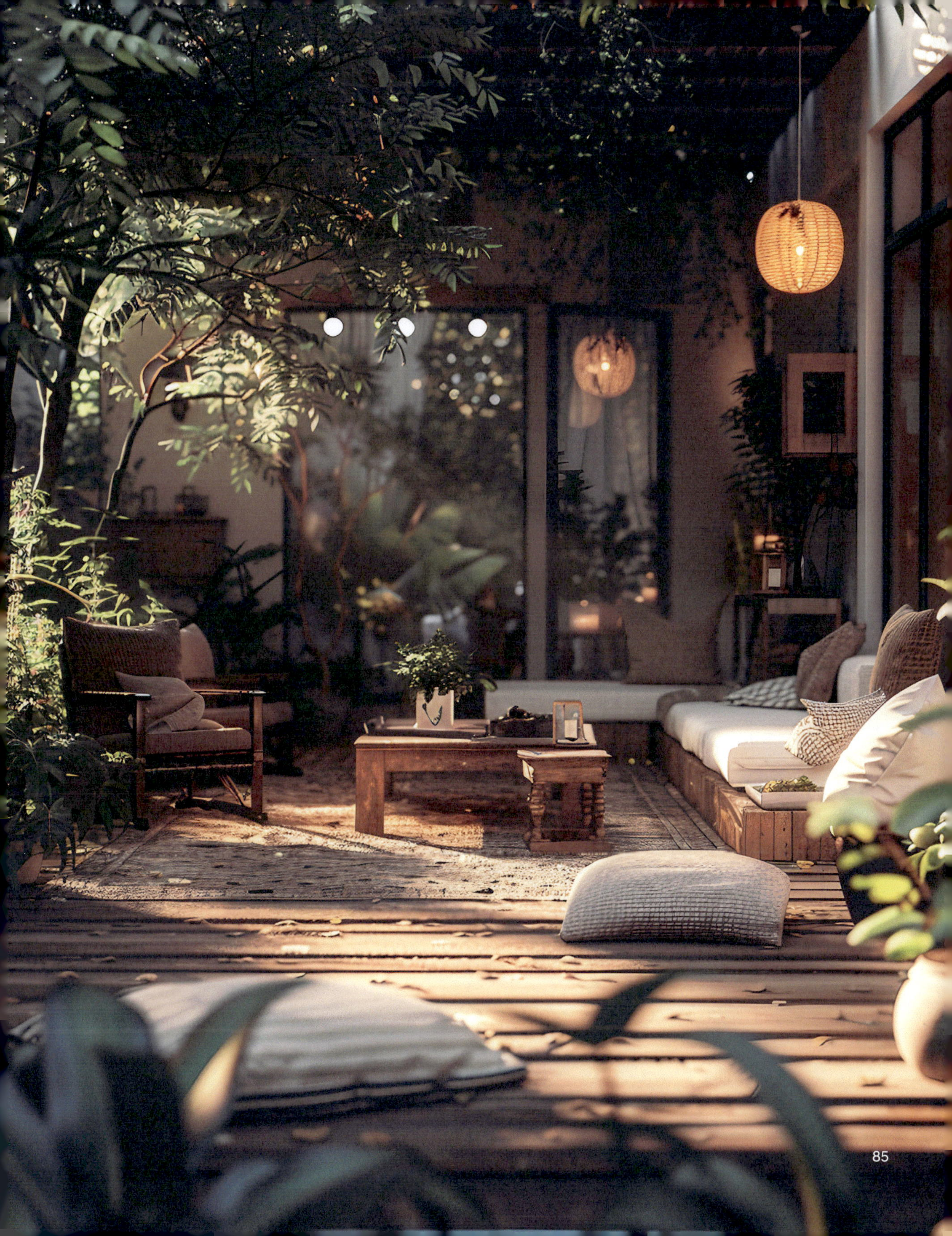

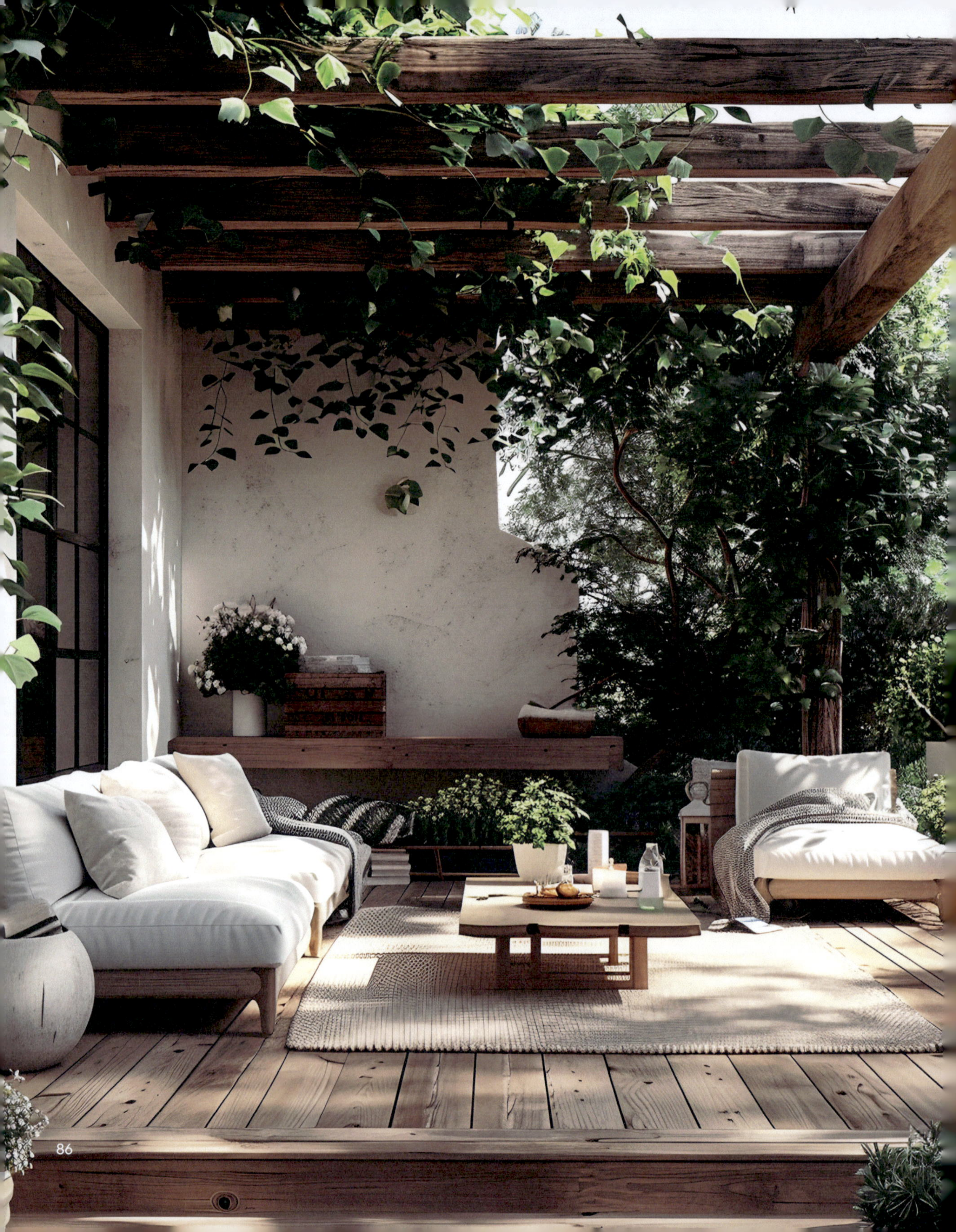

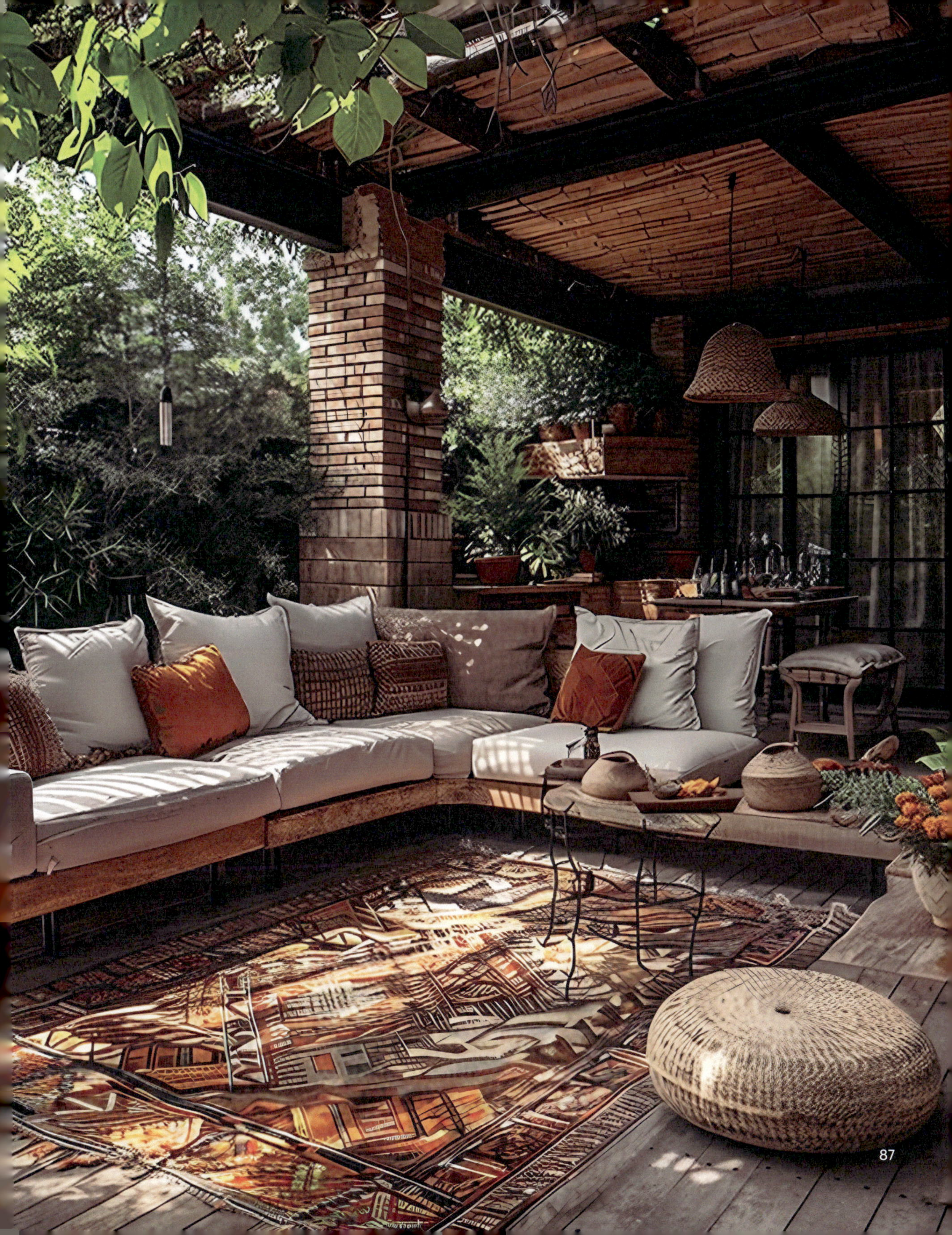

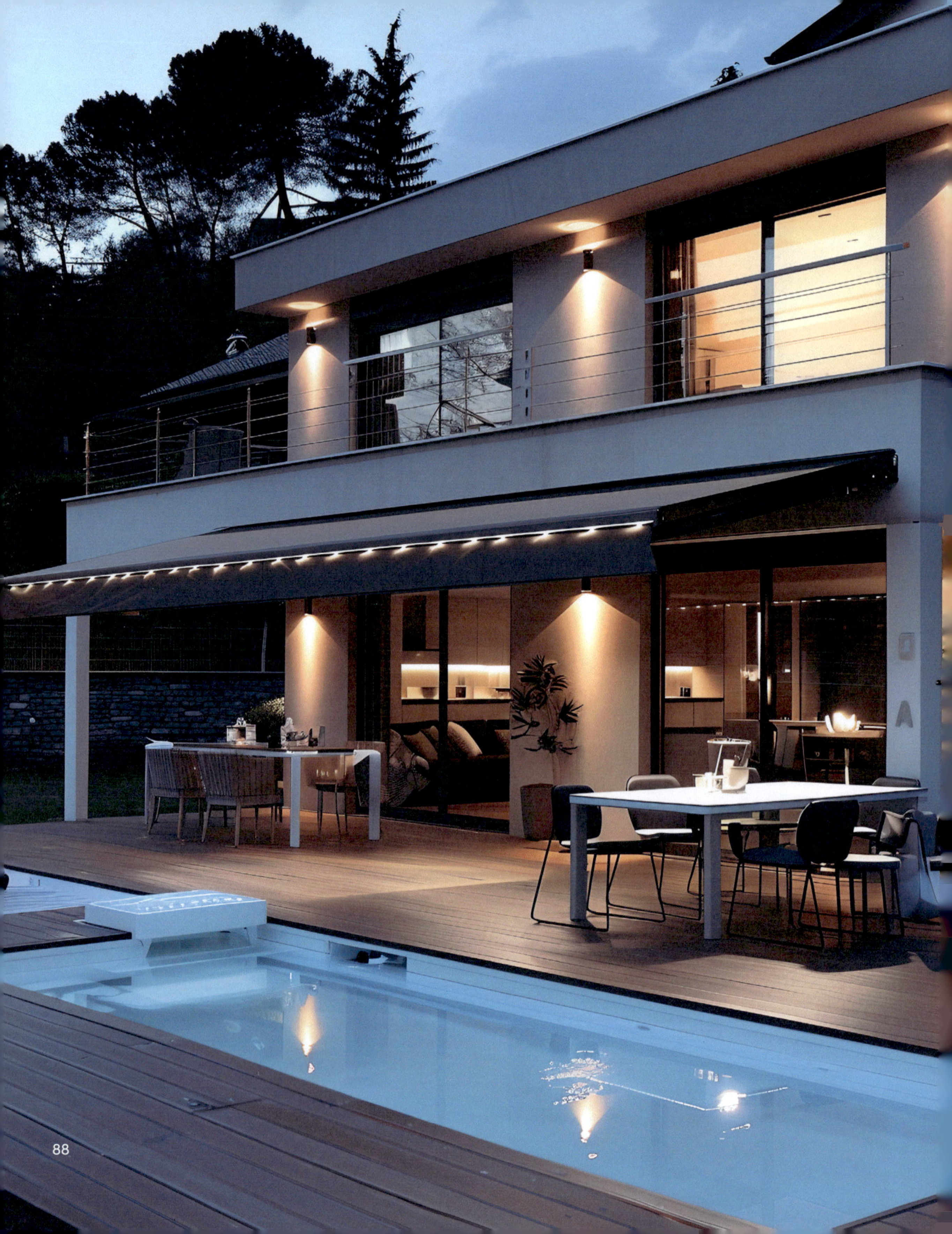

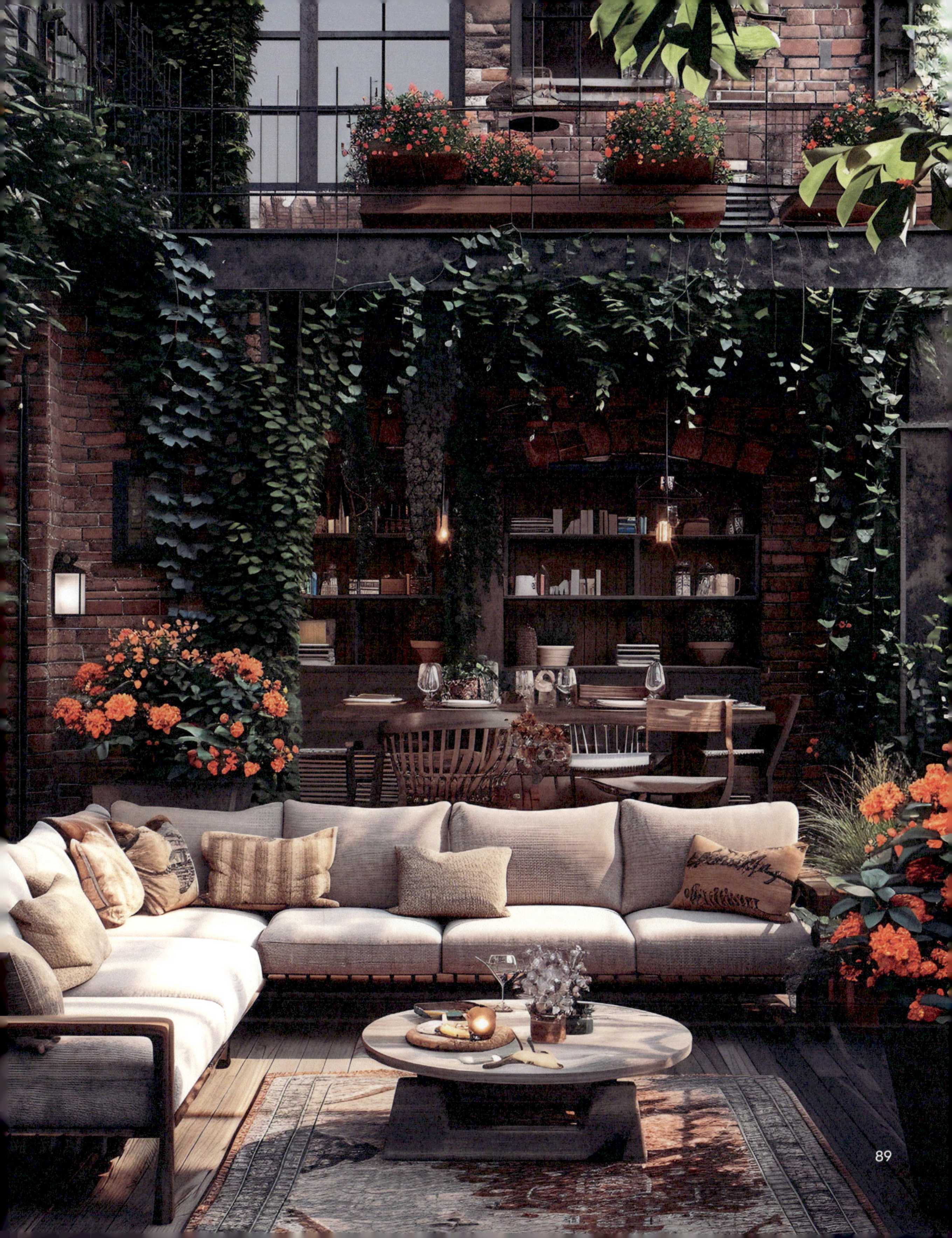

04

/// BALCON /

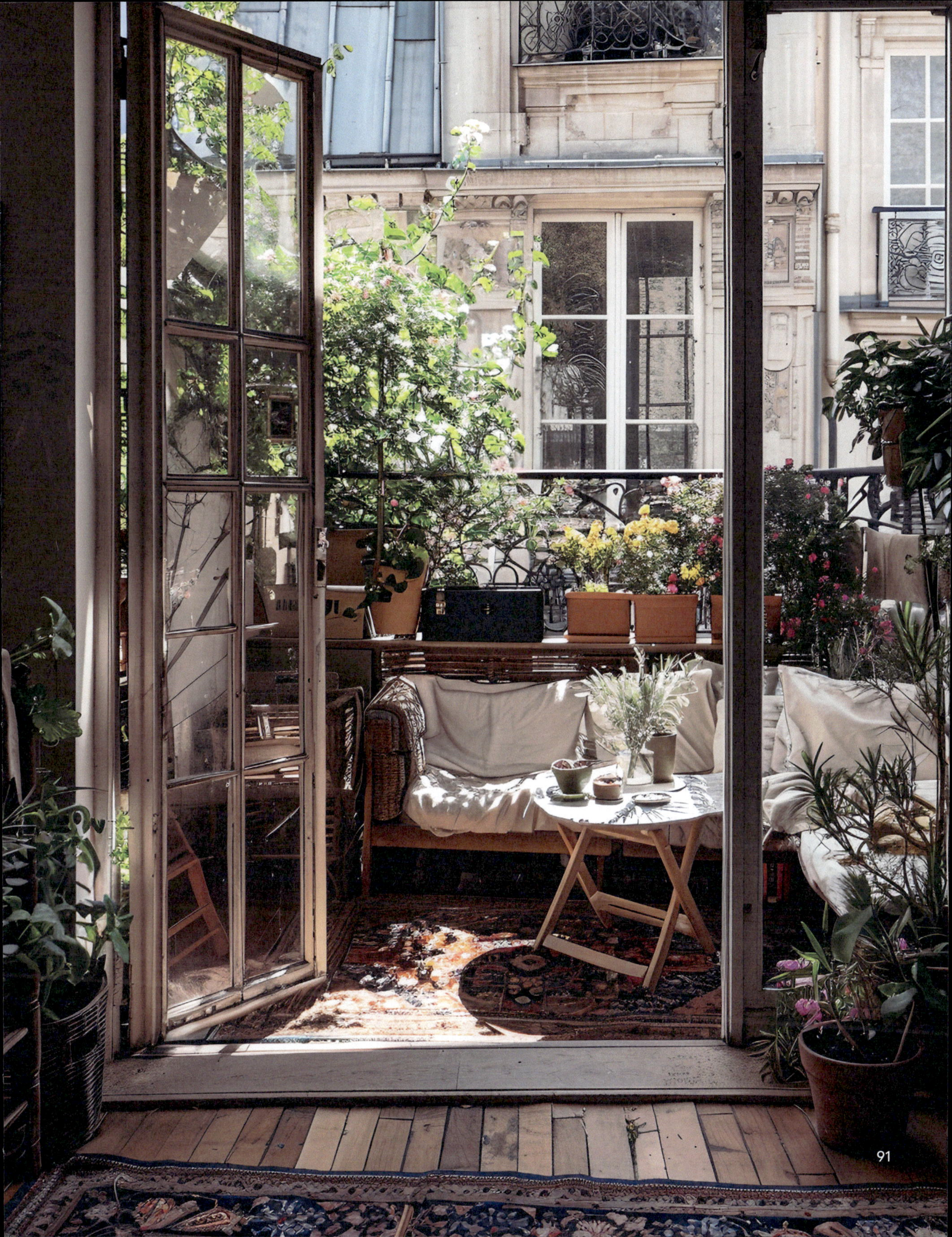

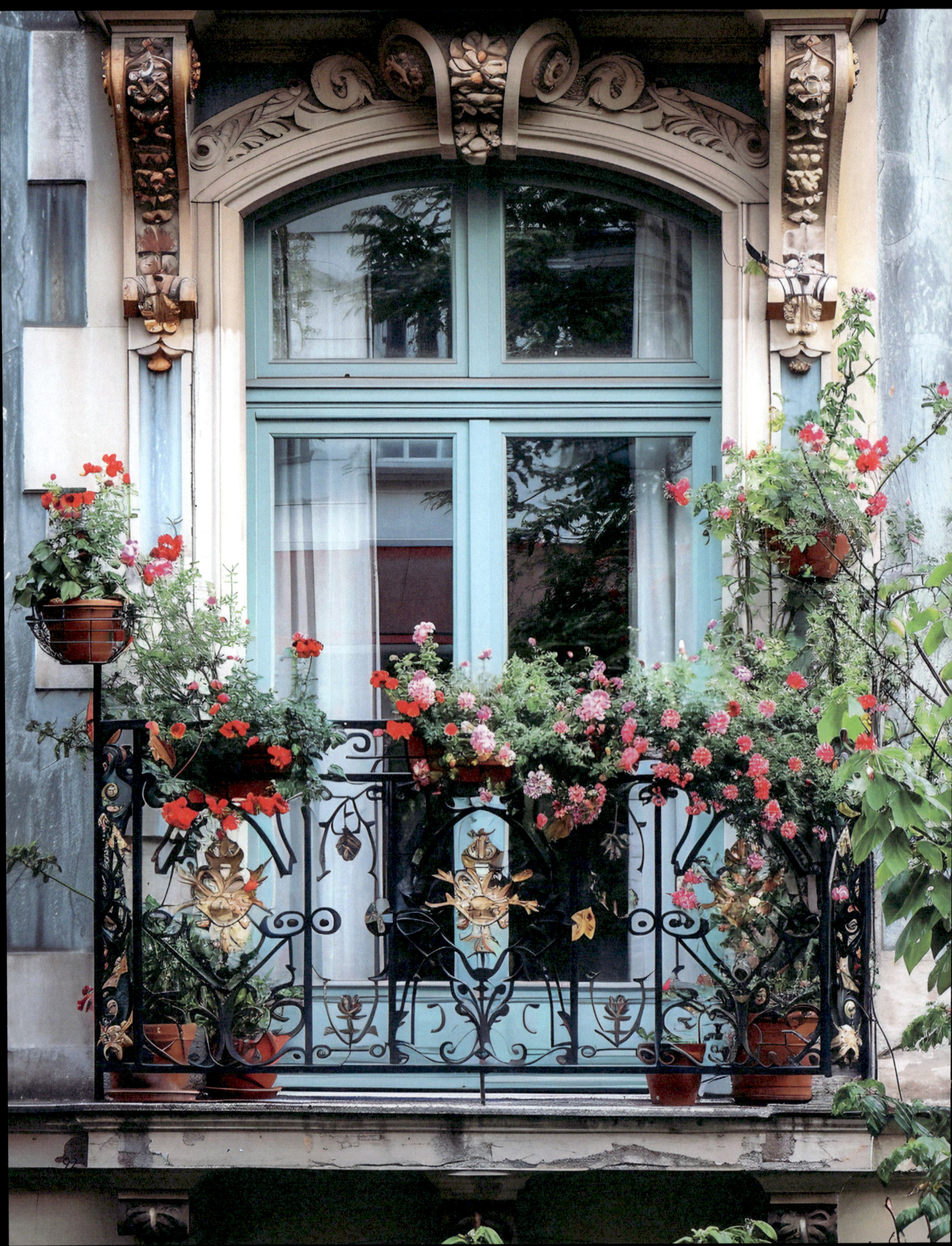

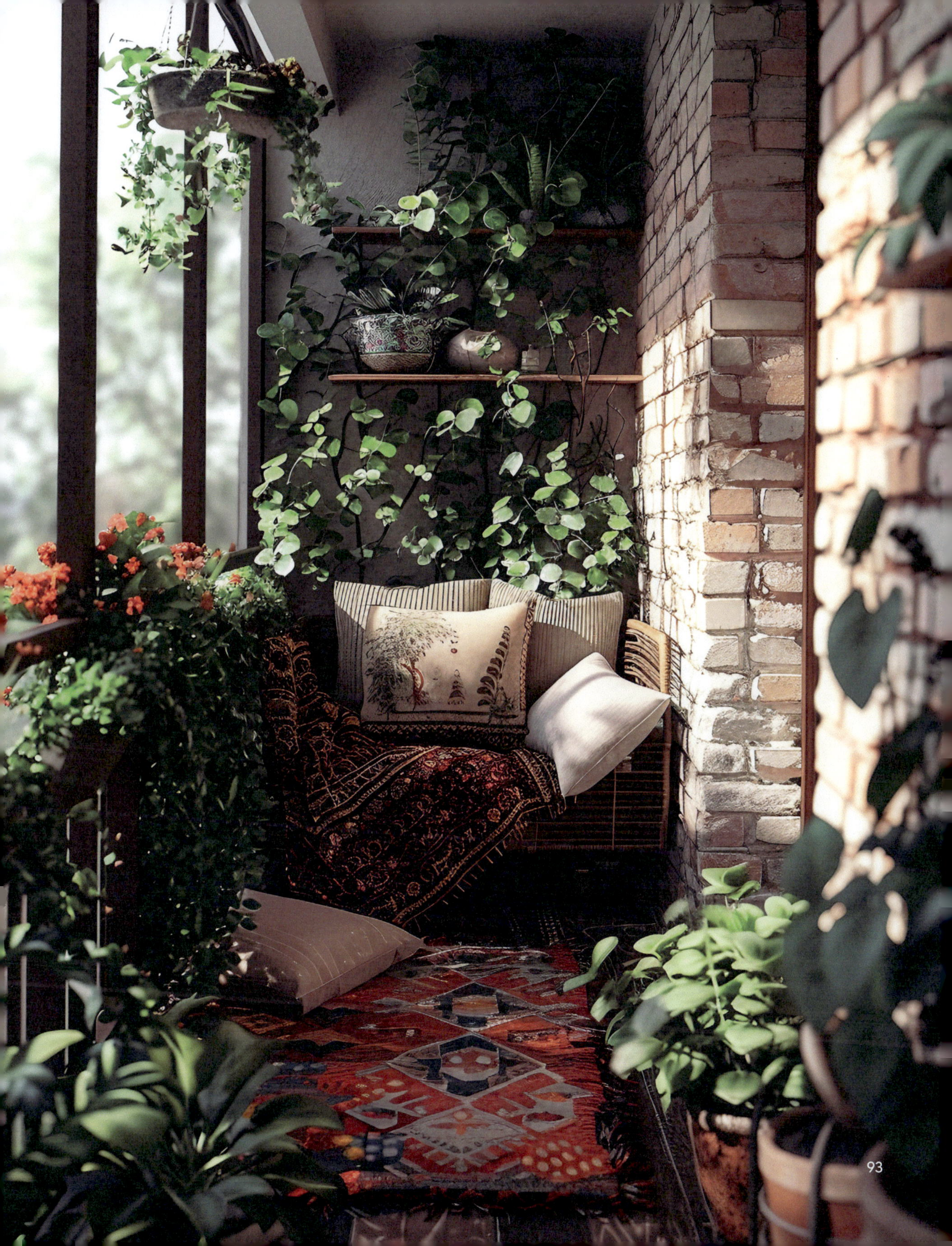

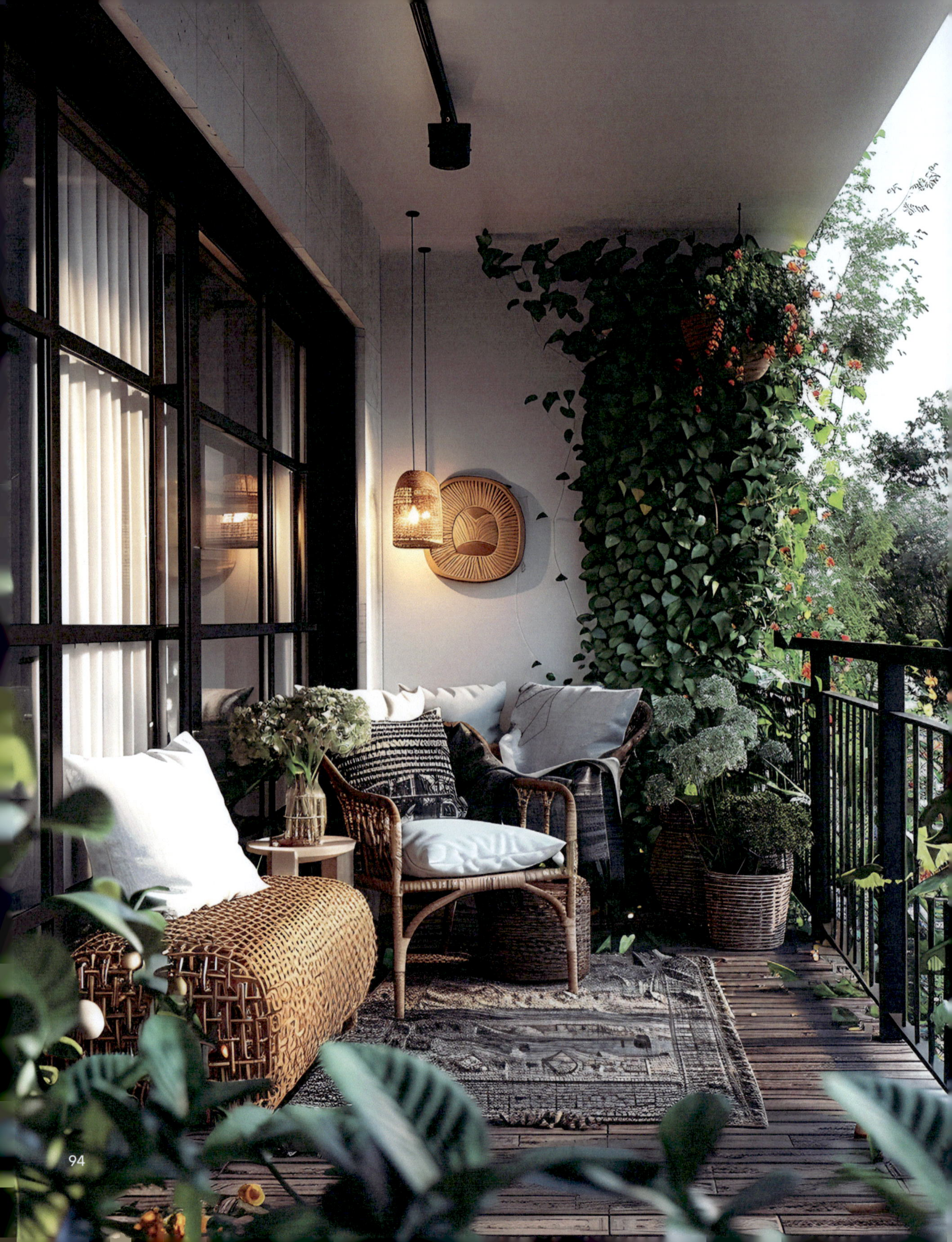

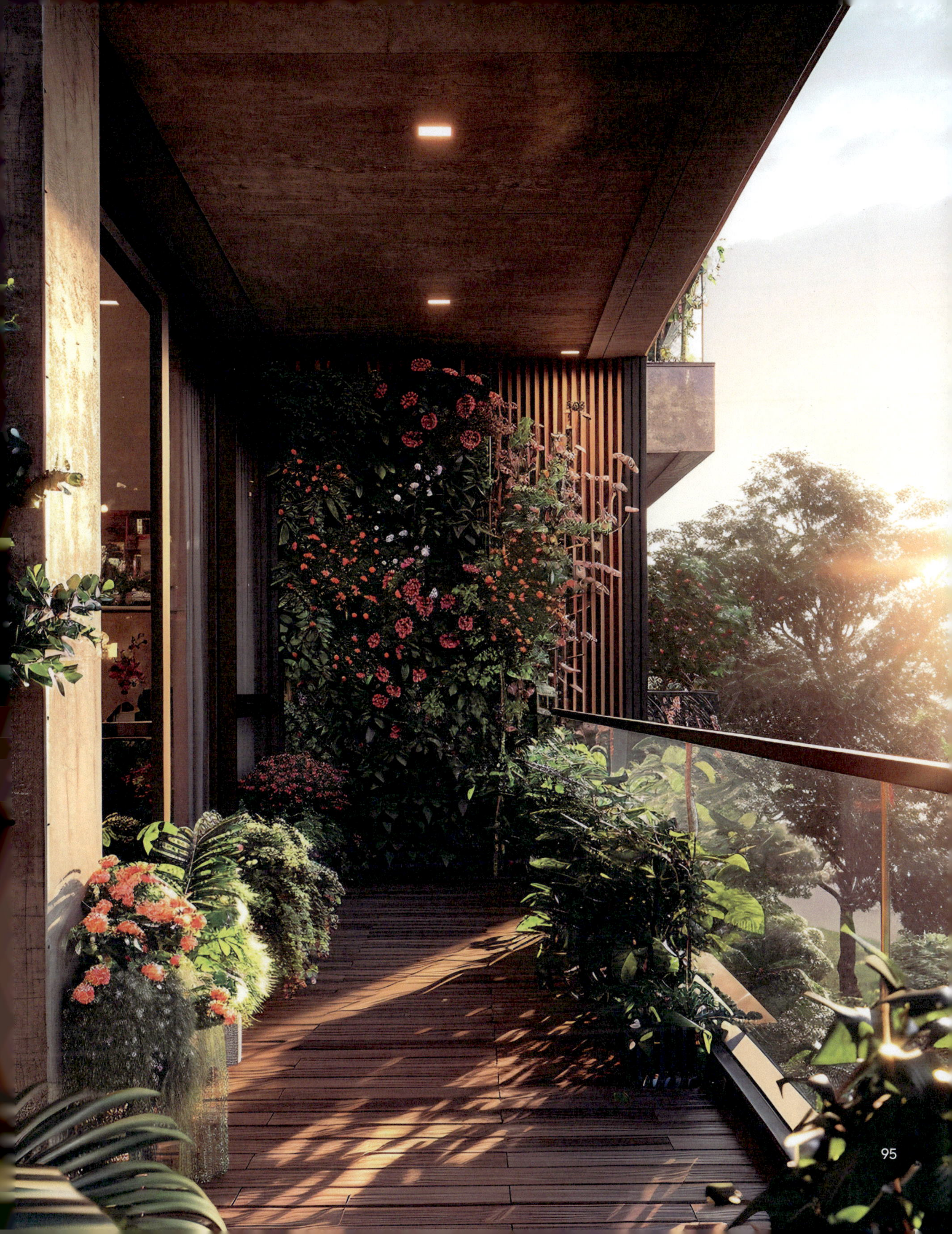

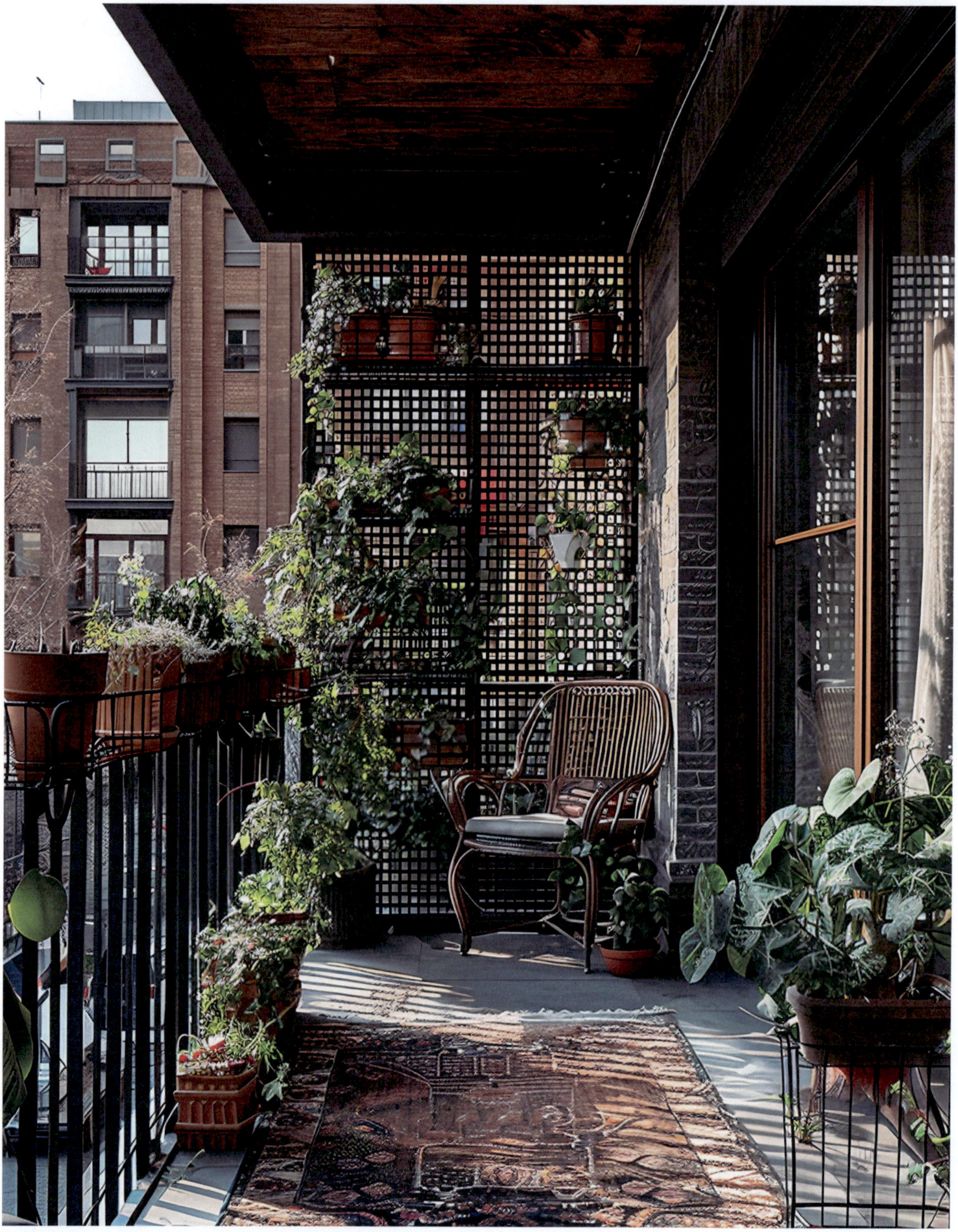

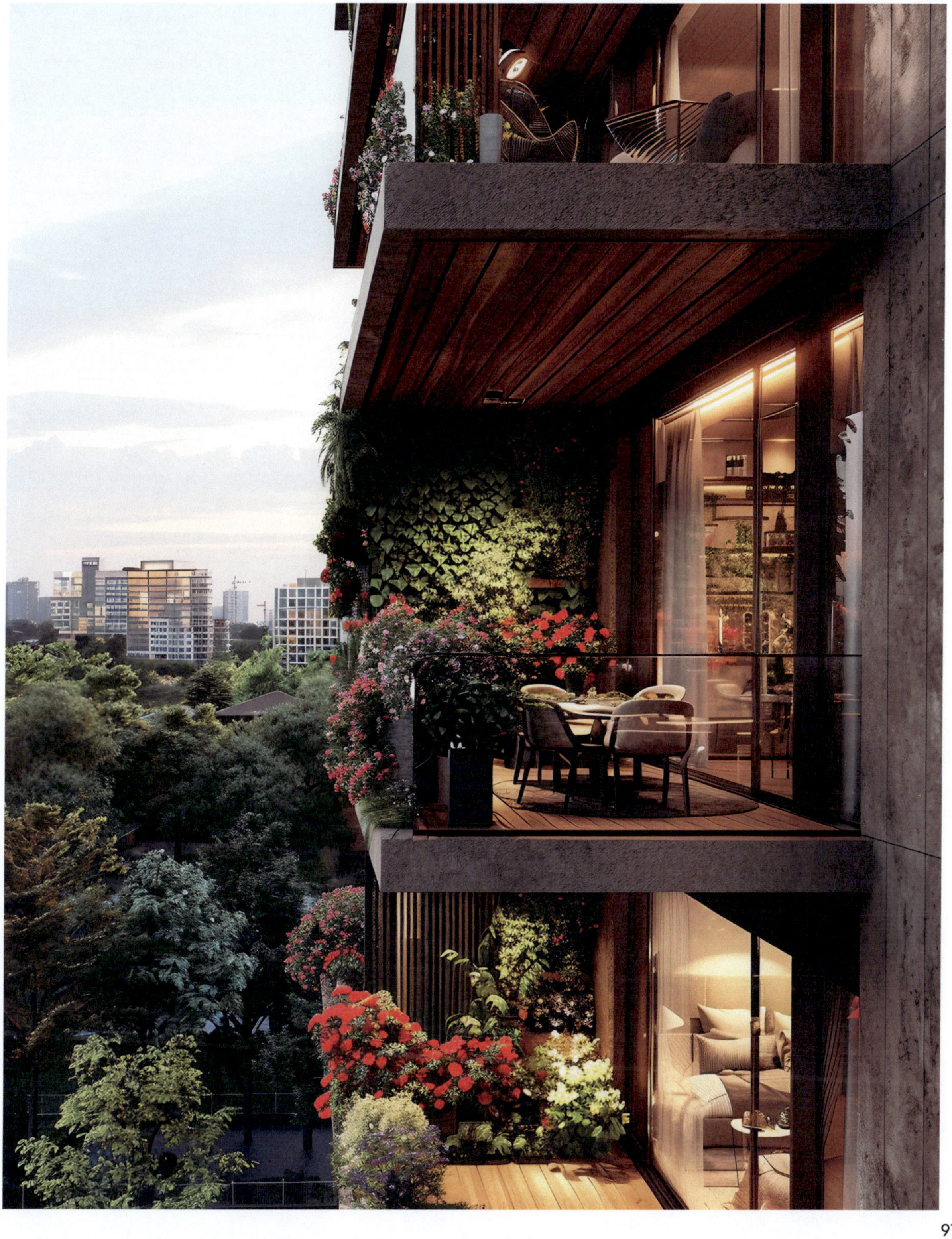

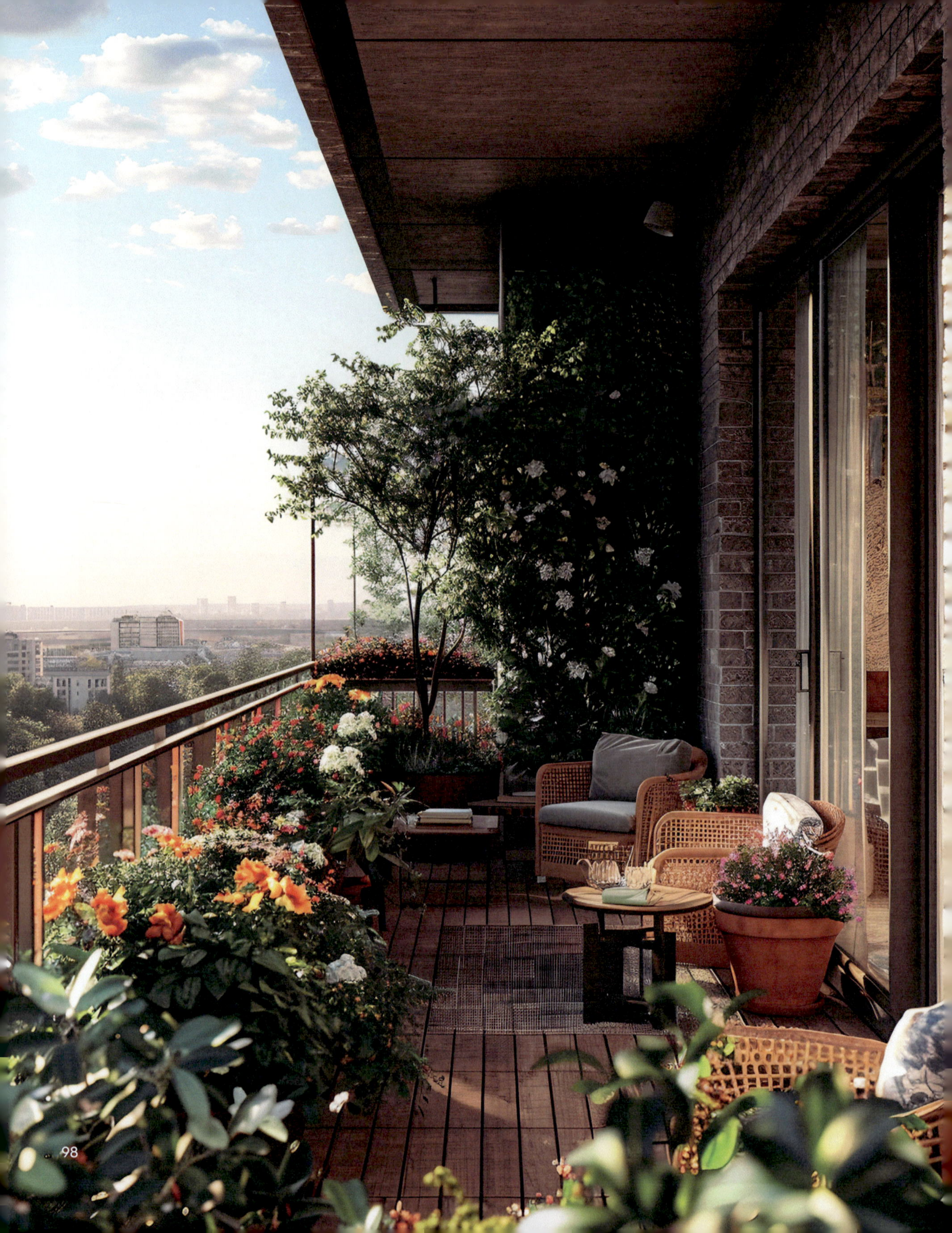

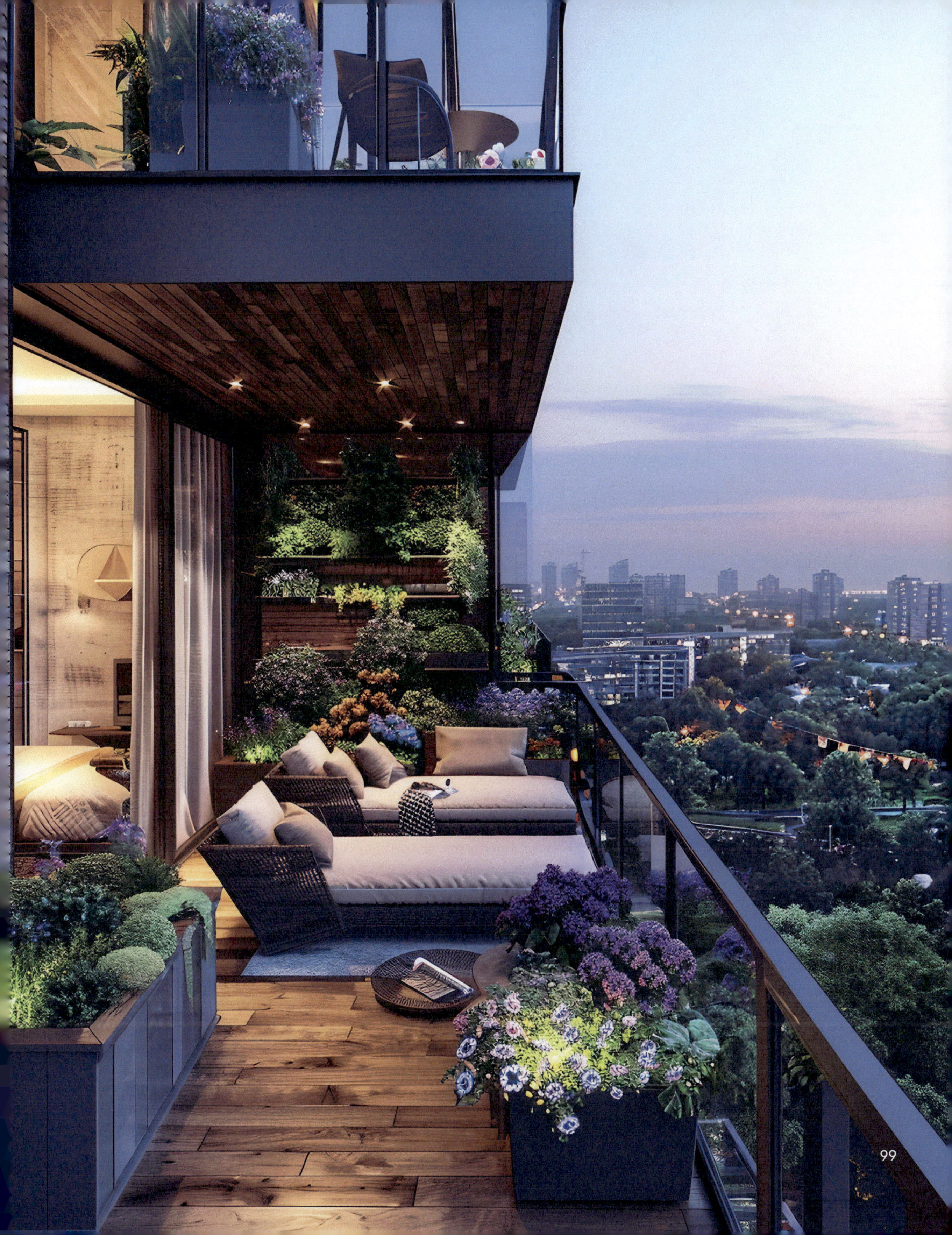

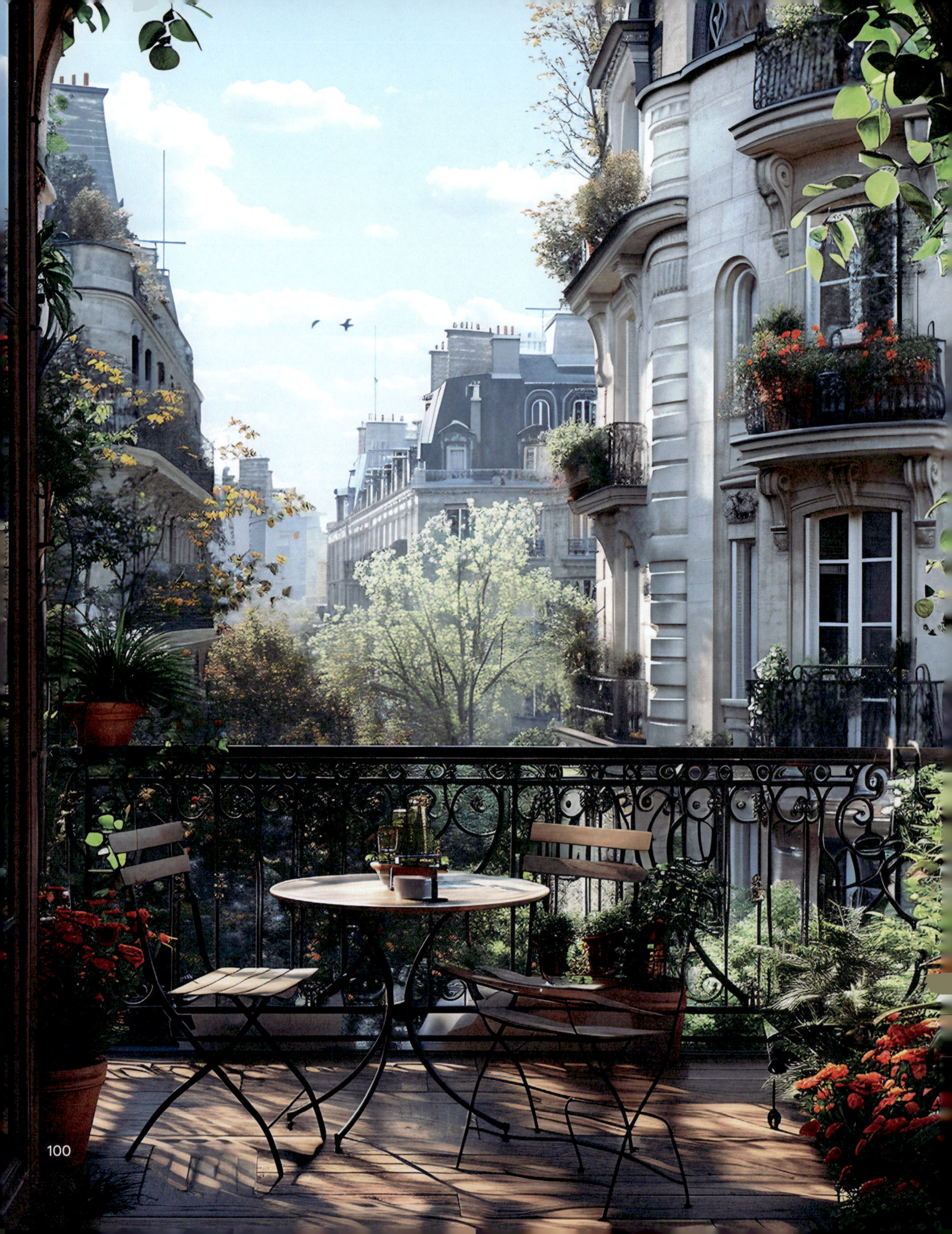

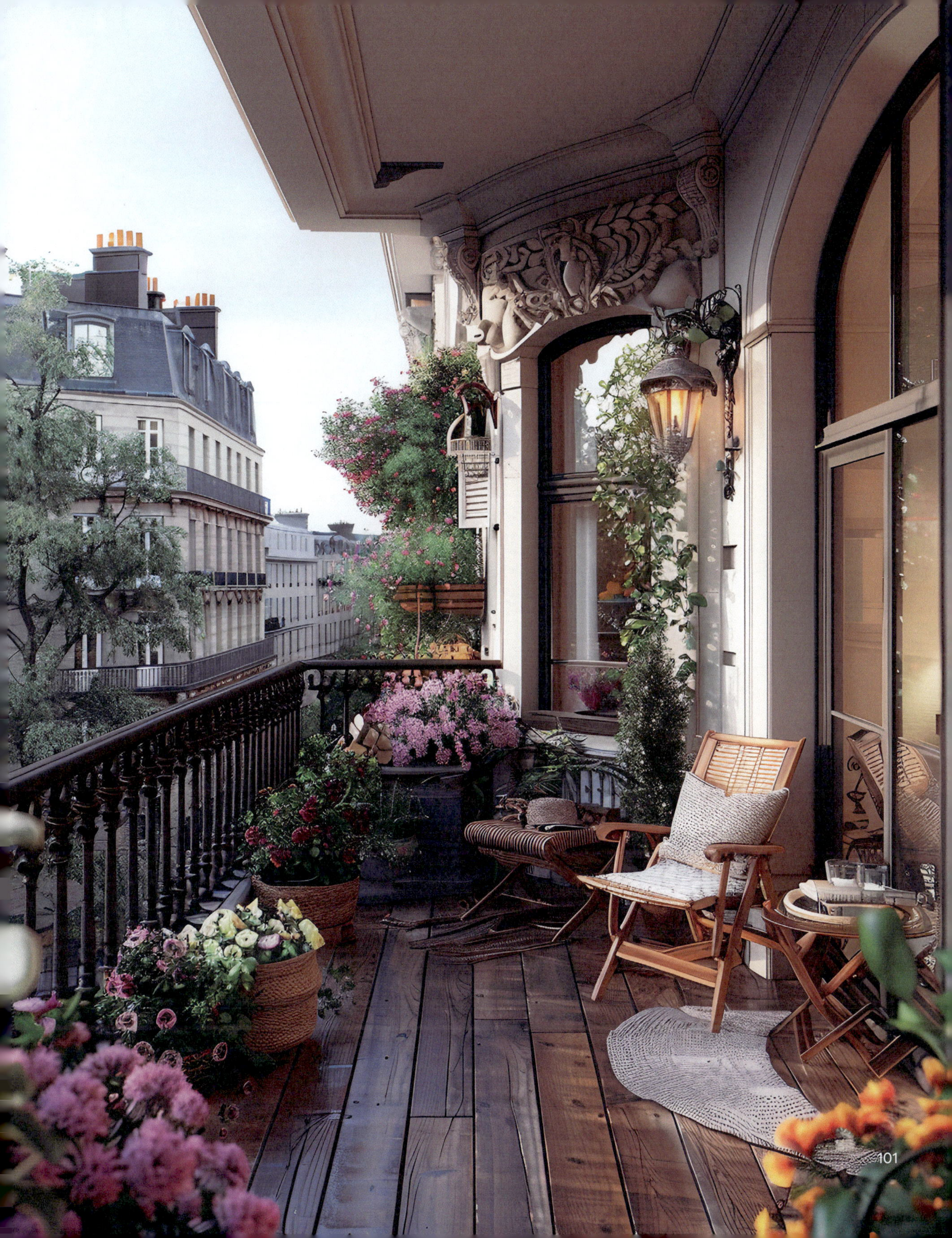

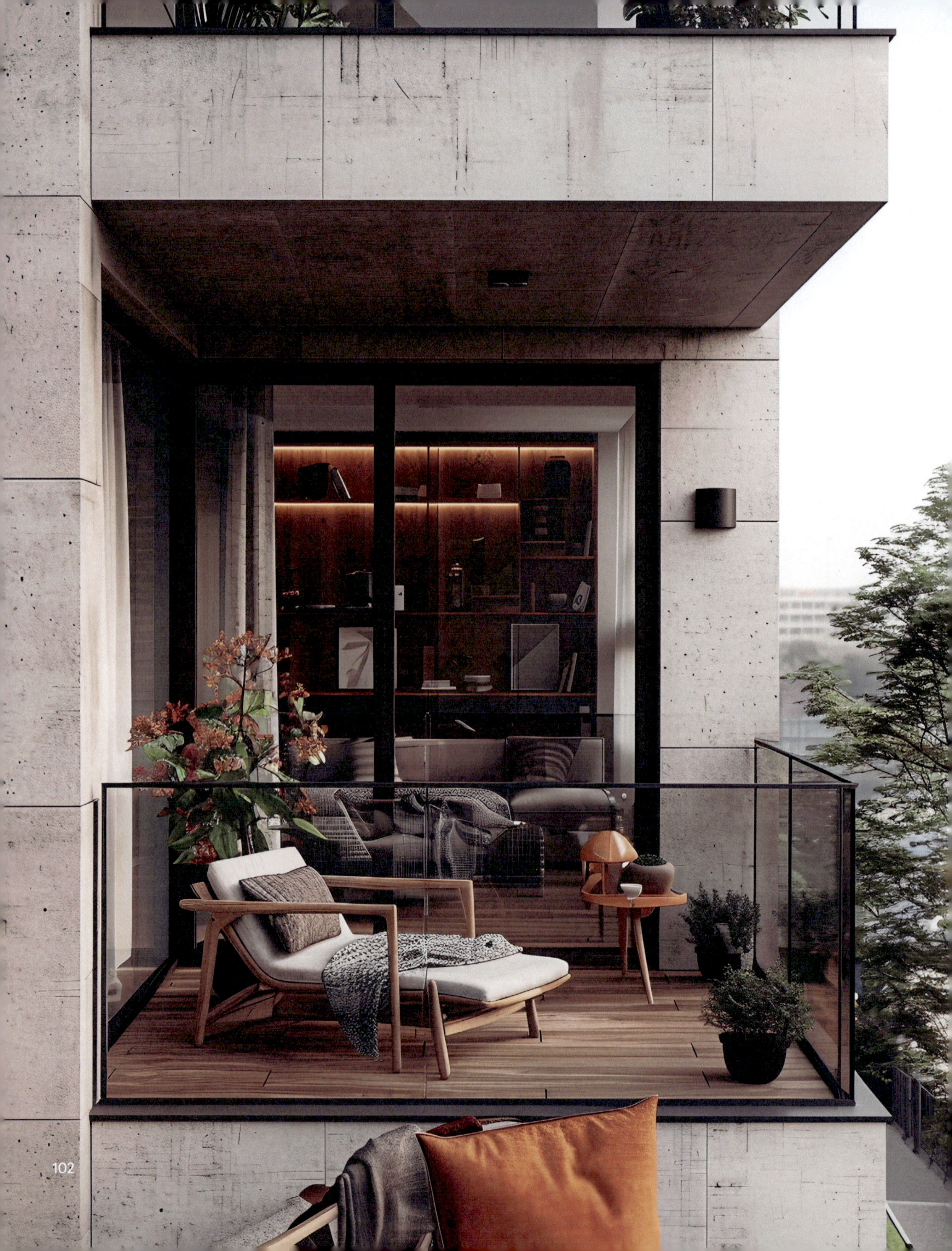

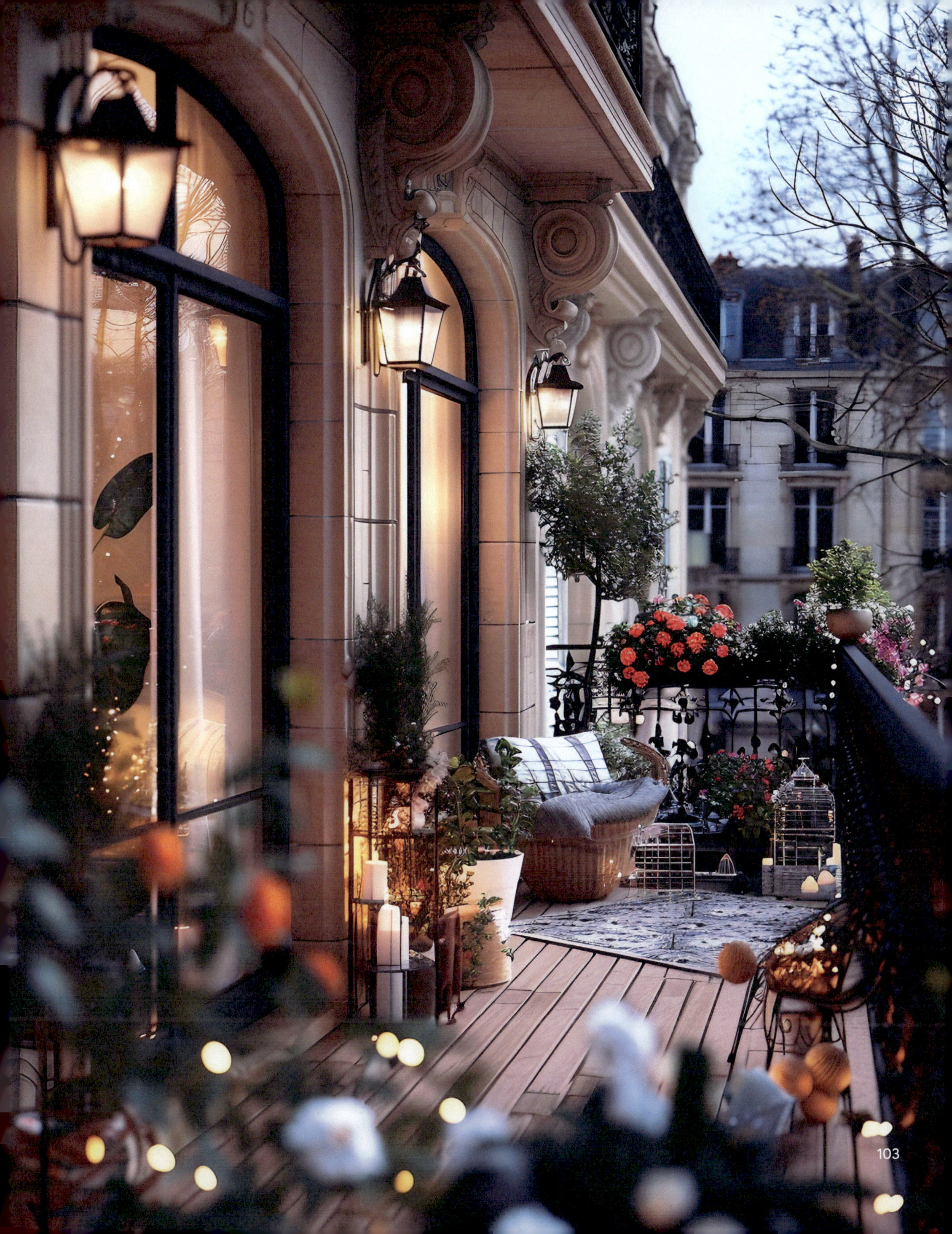

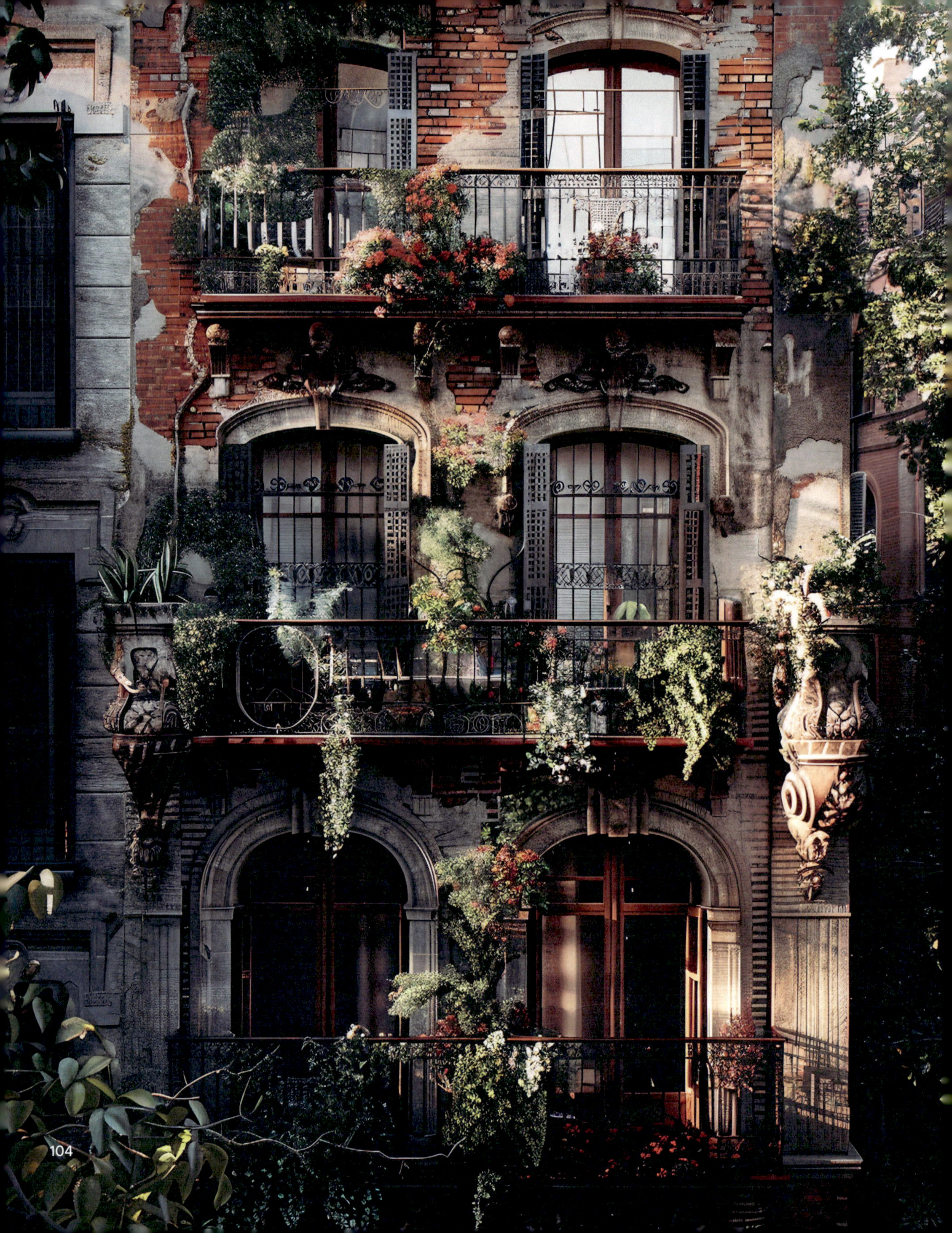

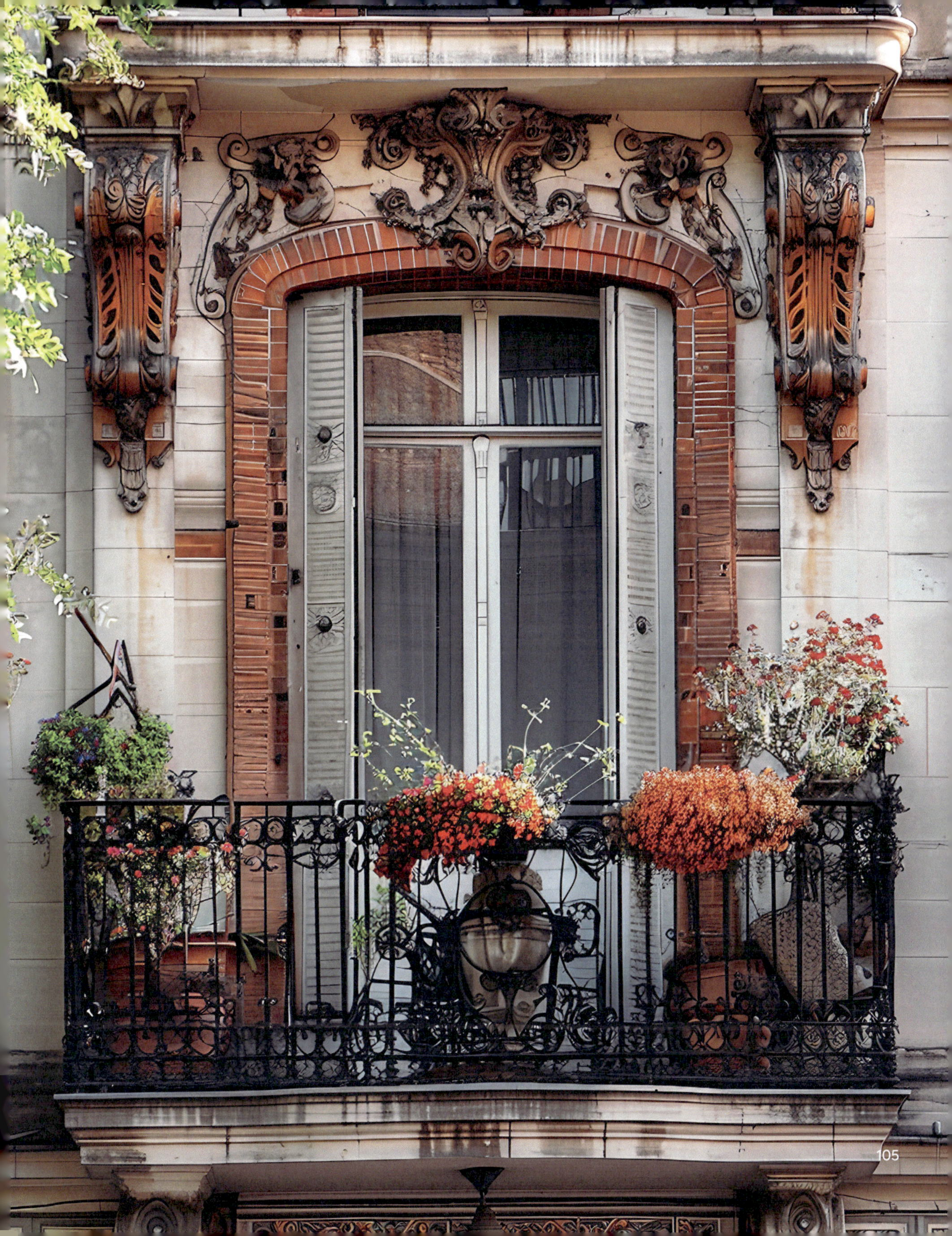

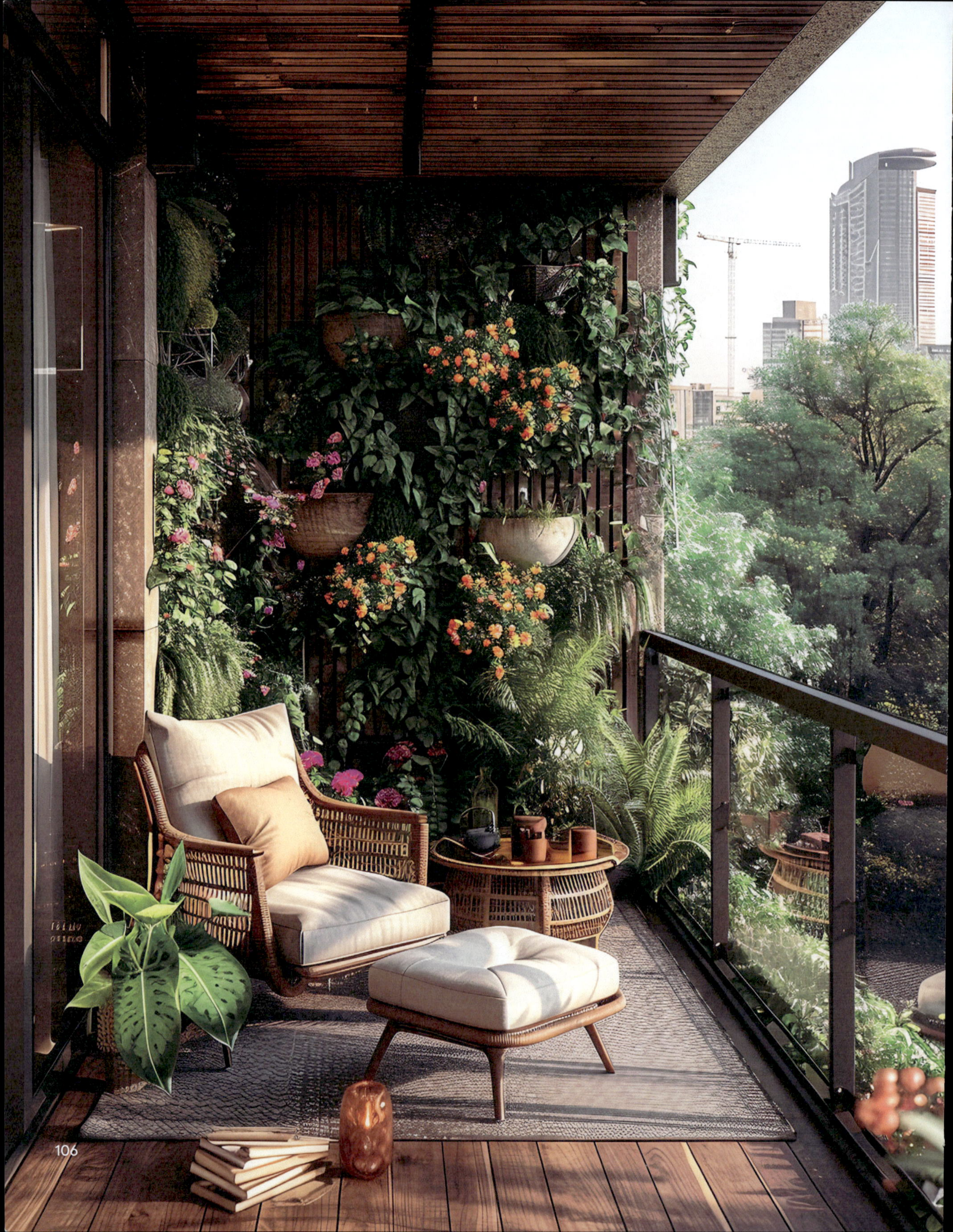

107

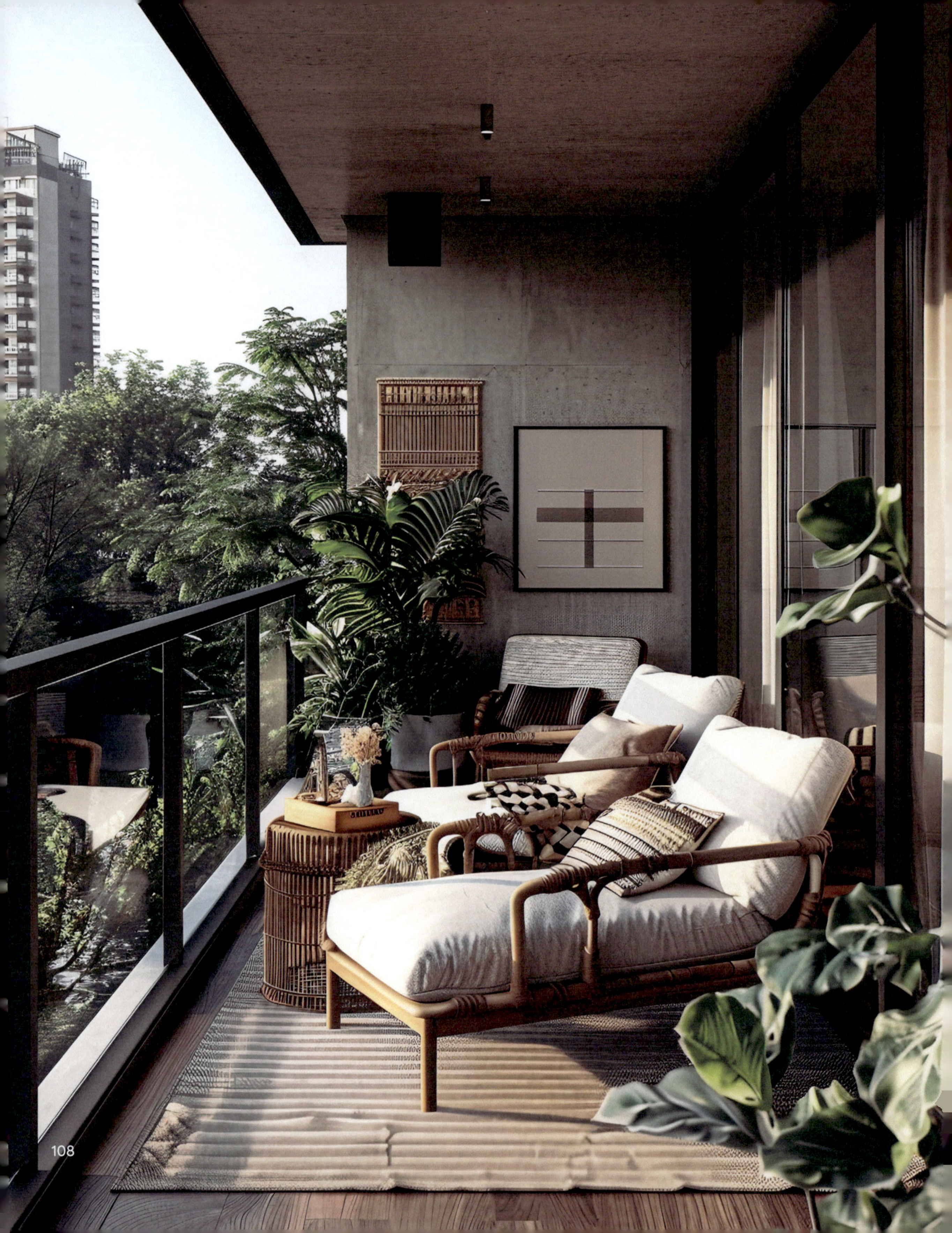

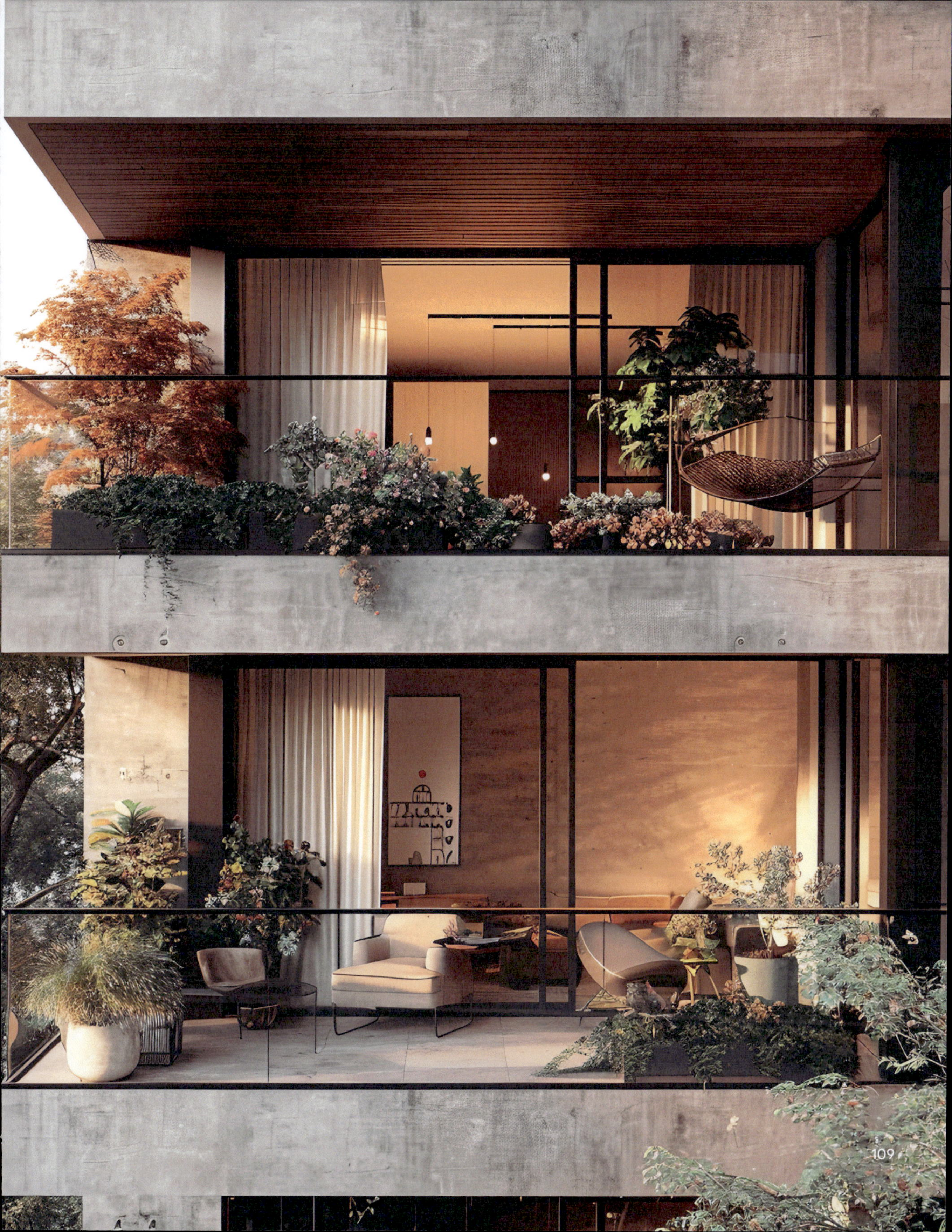

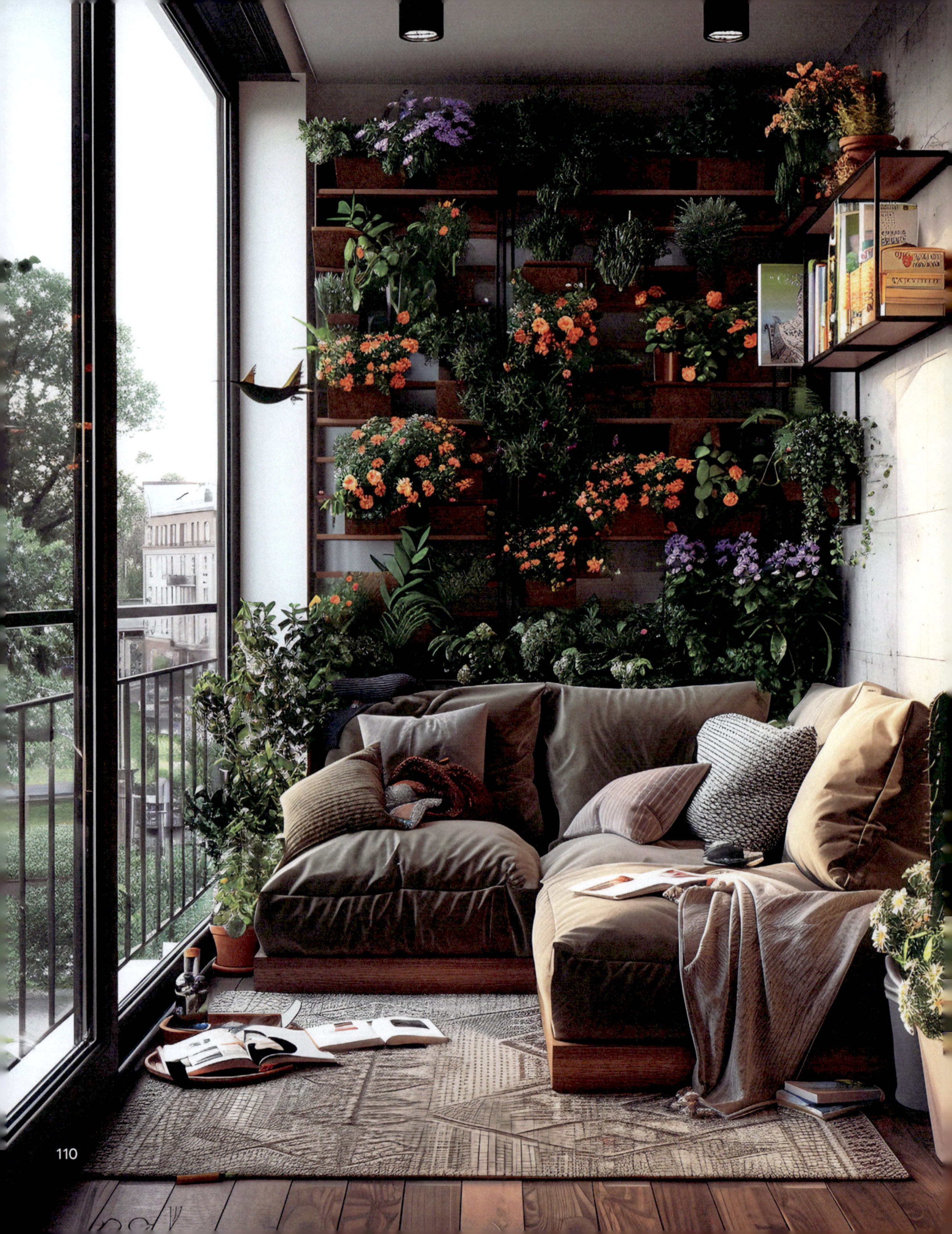

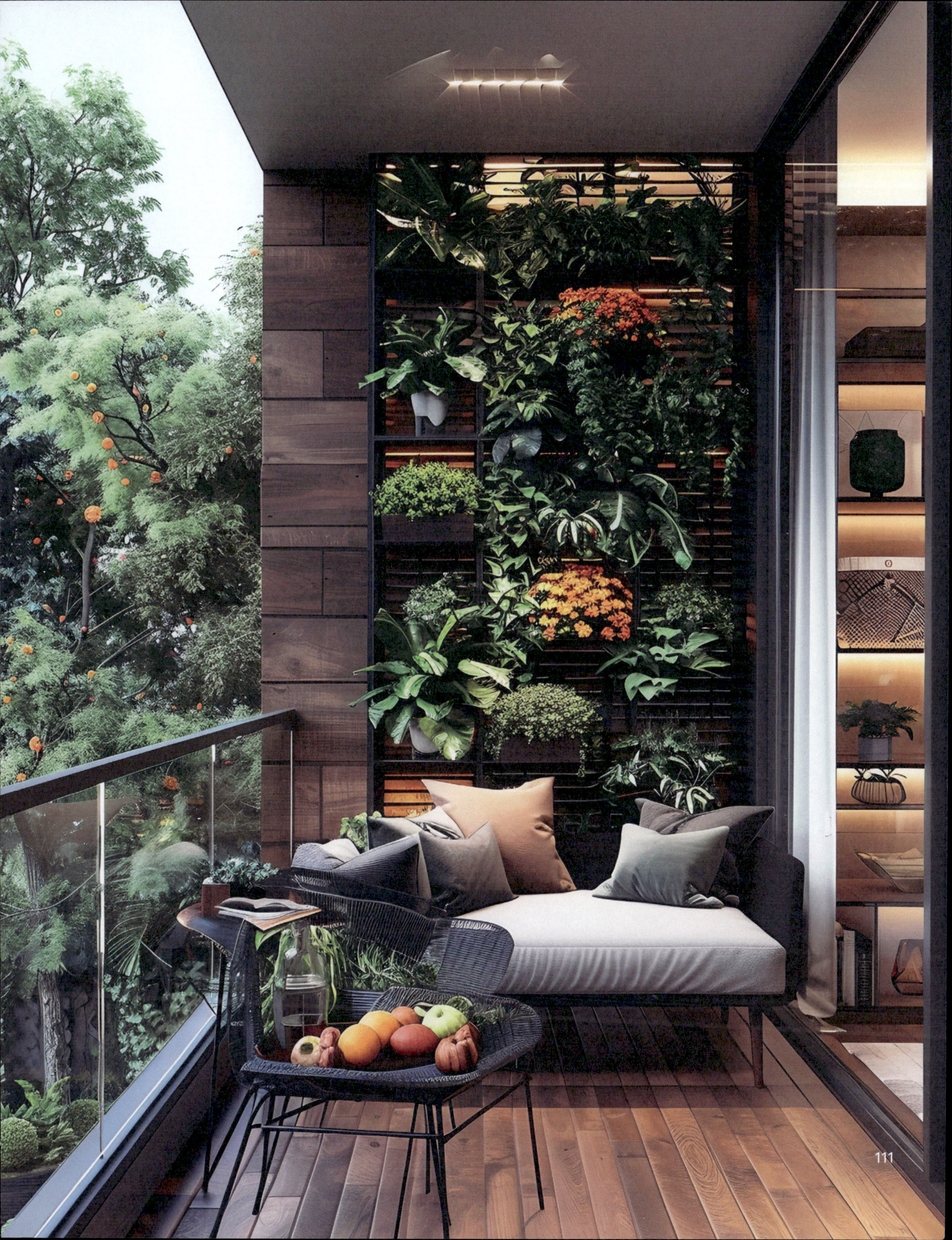

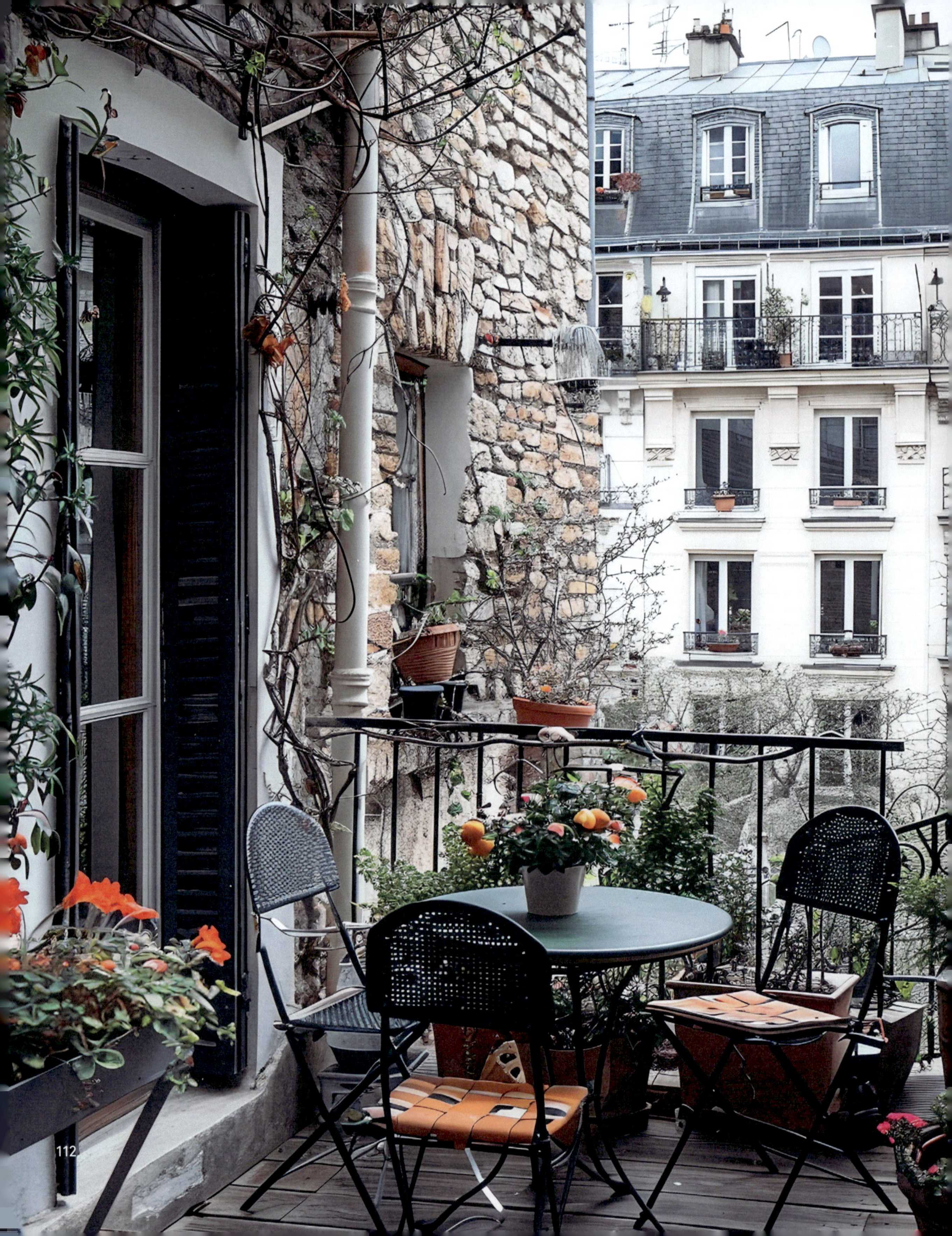

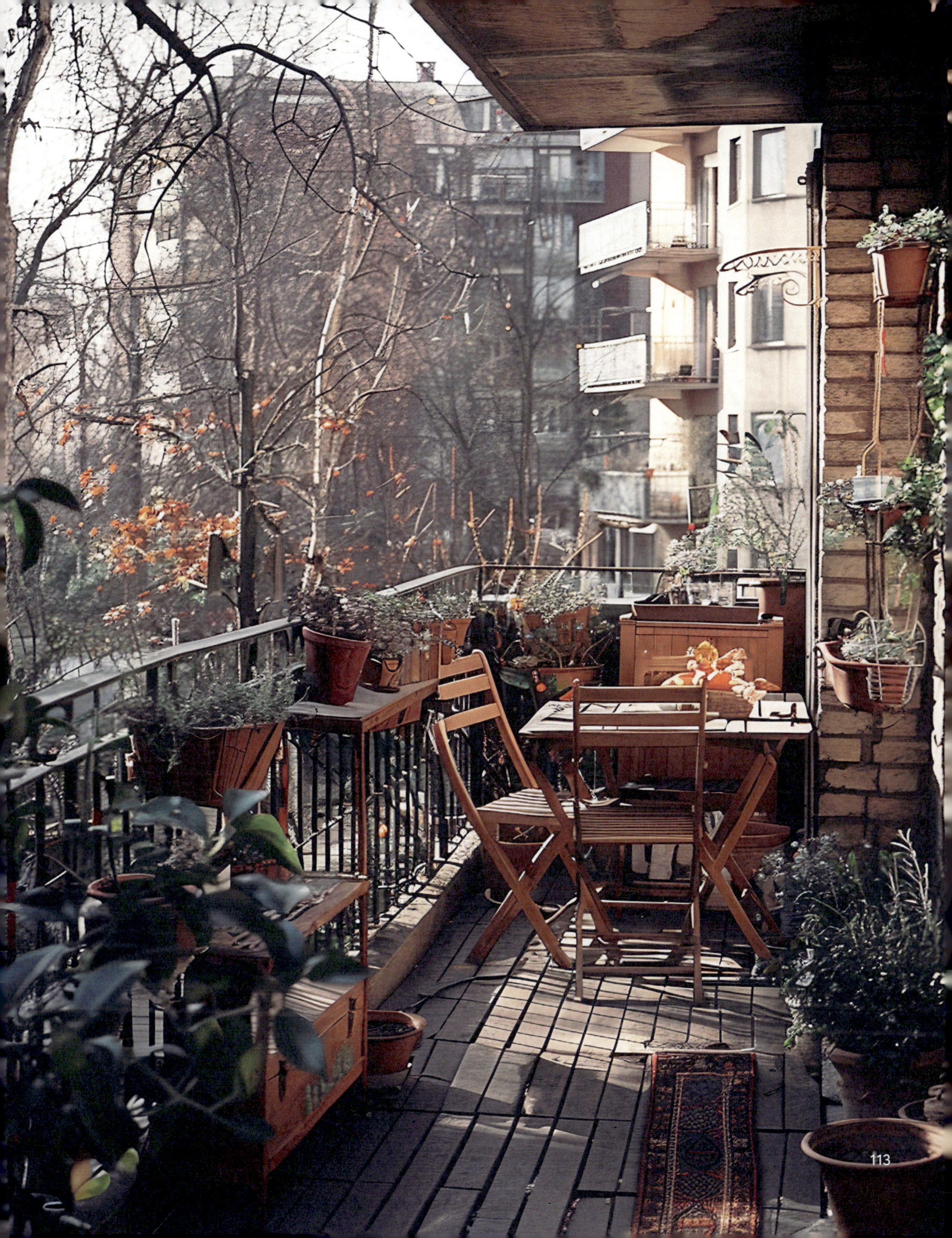

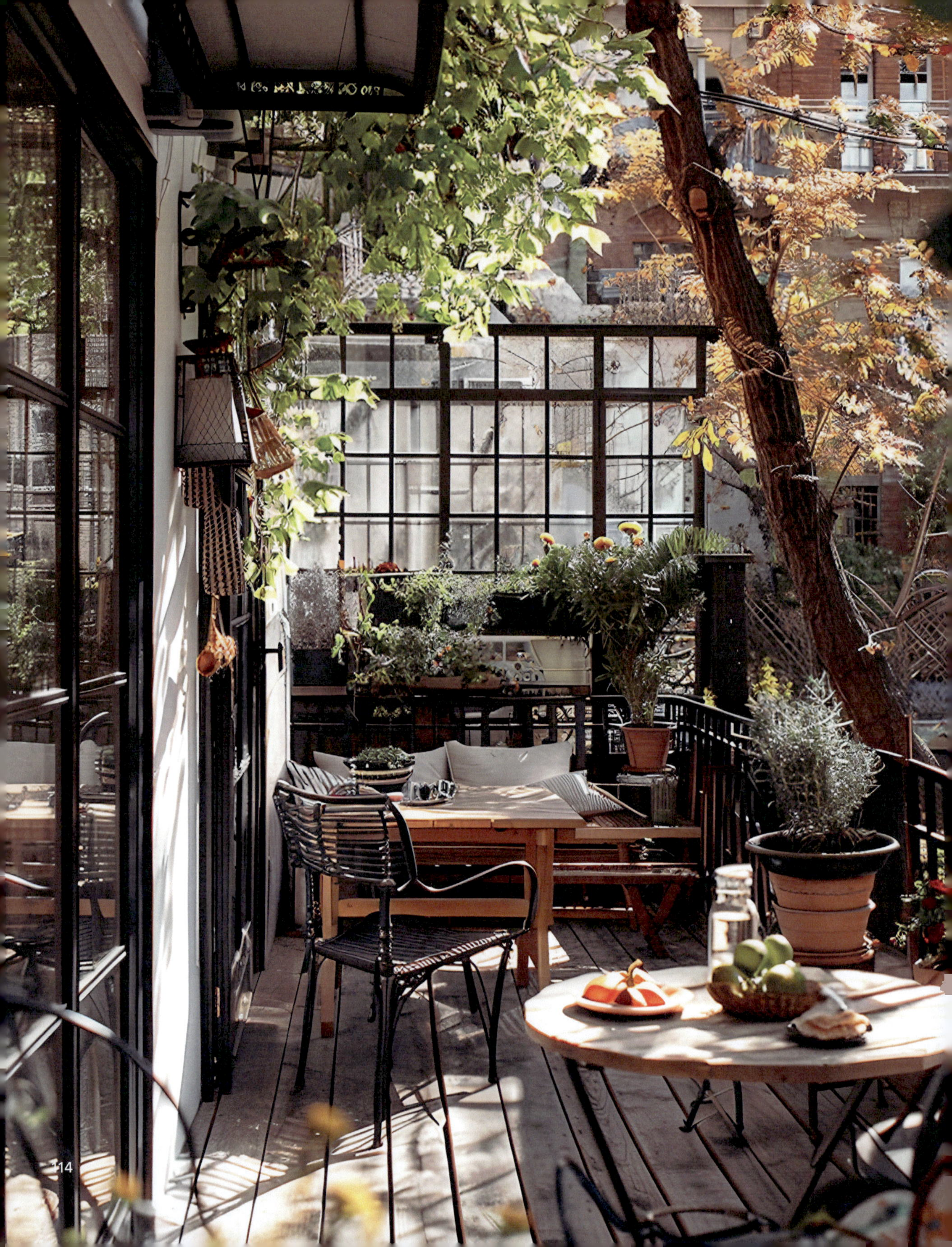

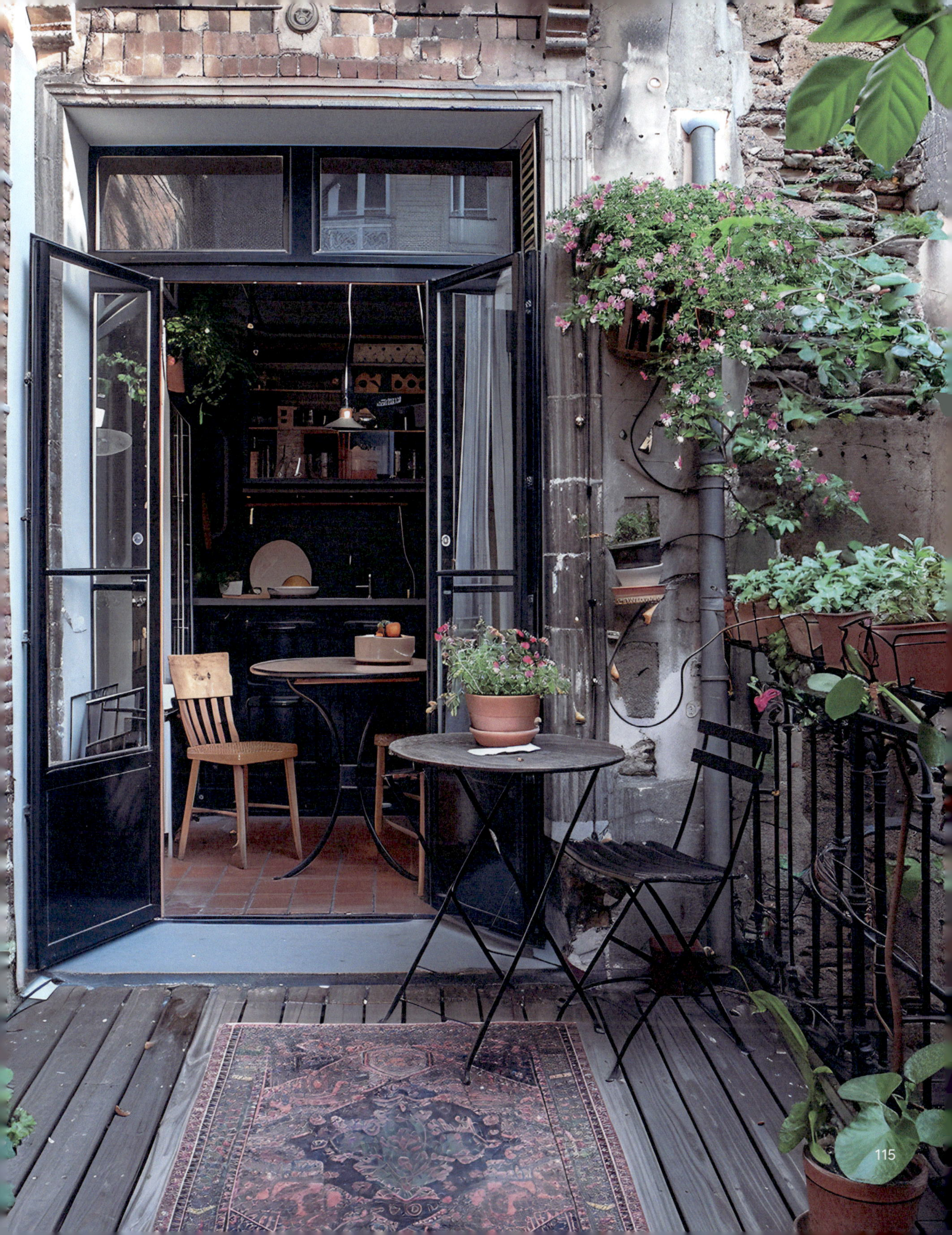

05
/// DE NUIT /

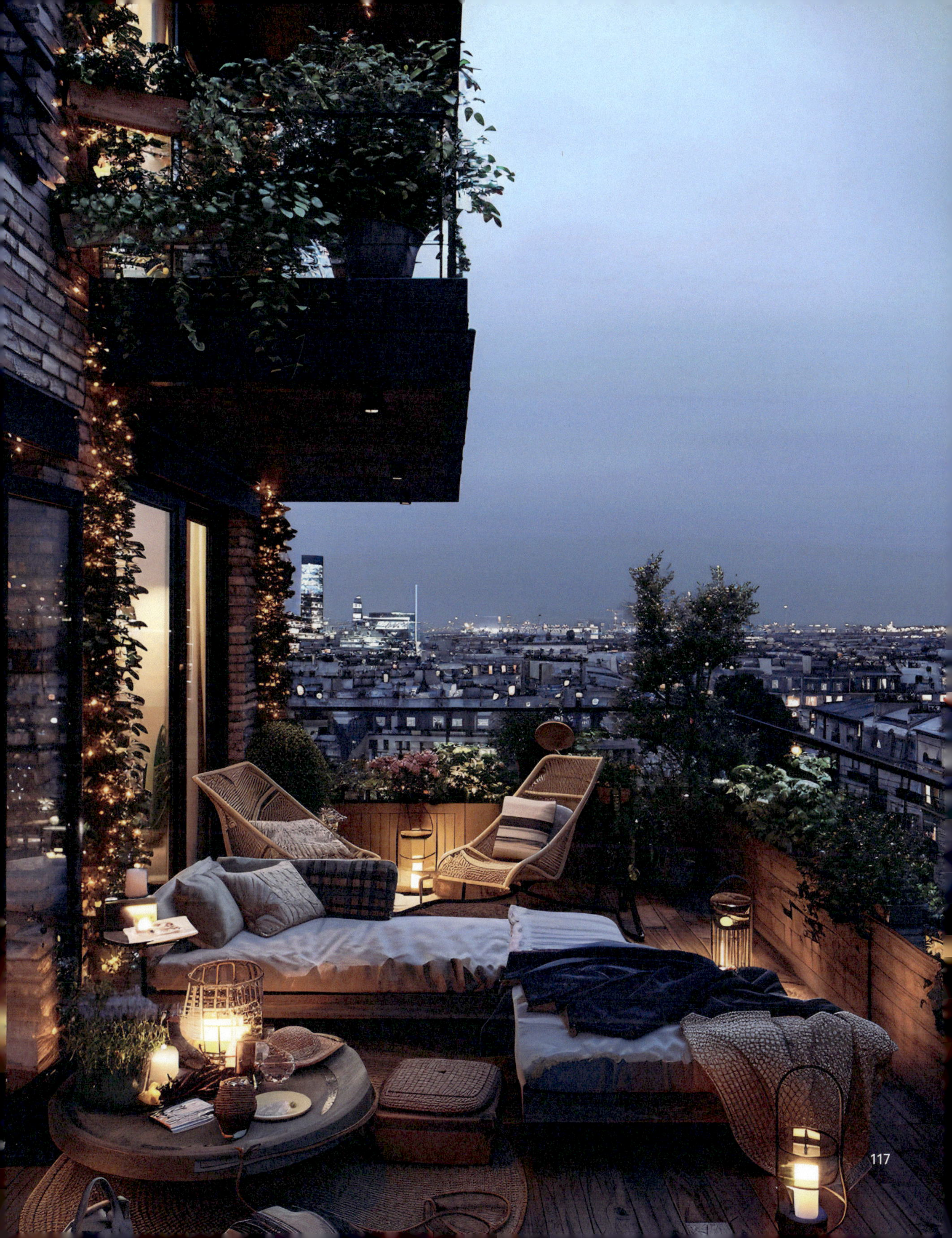

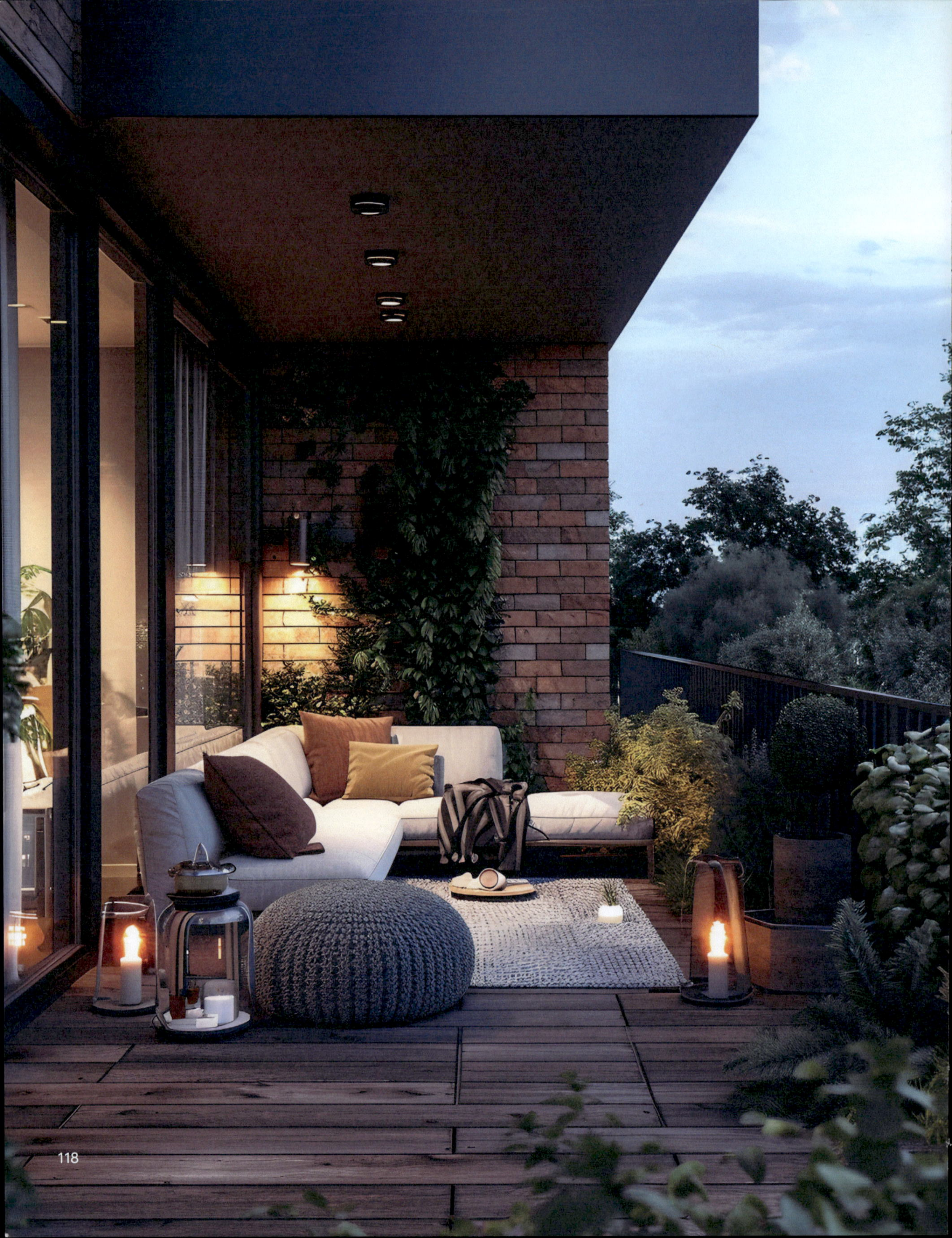

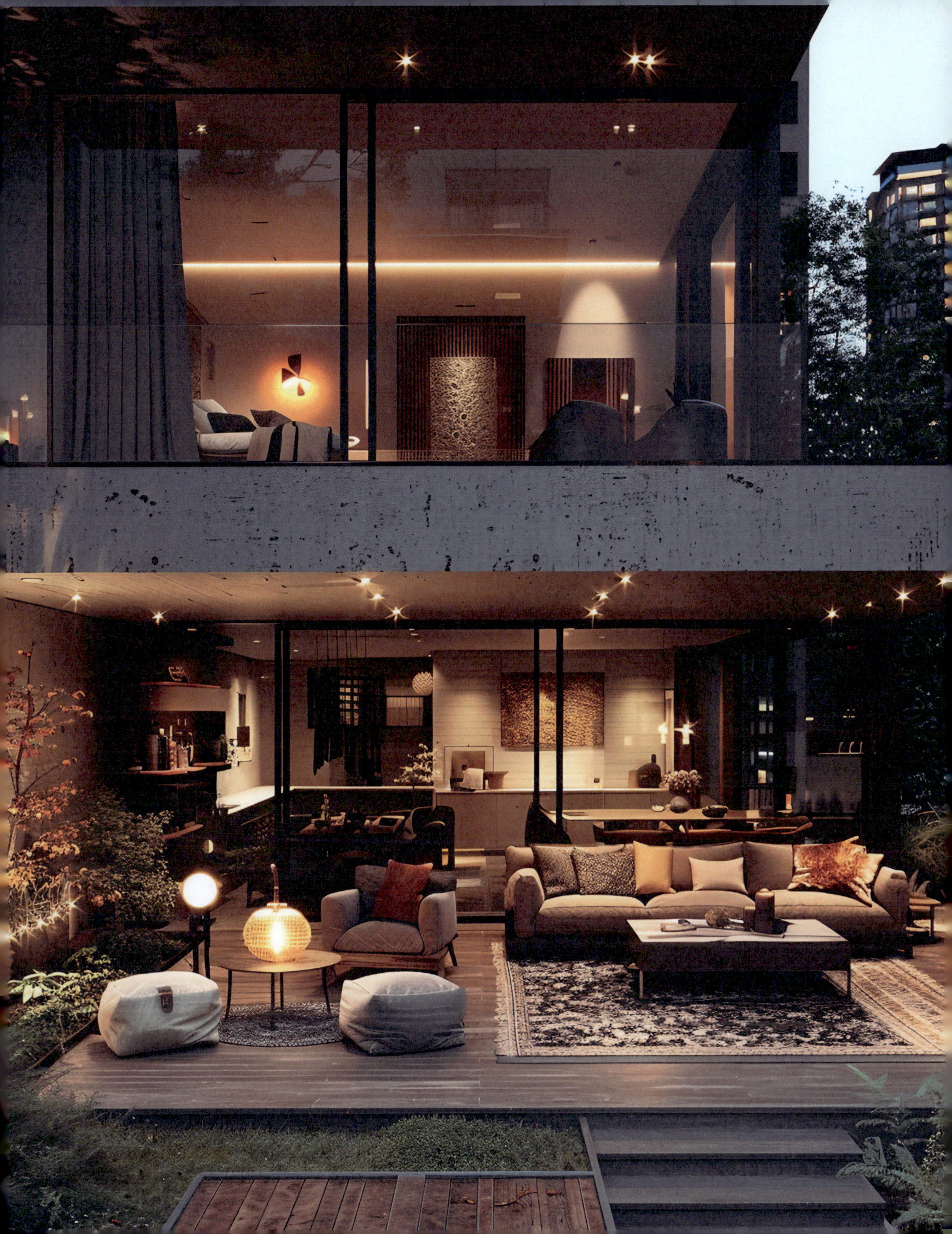

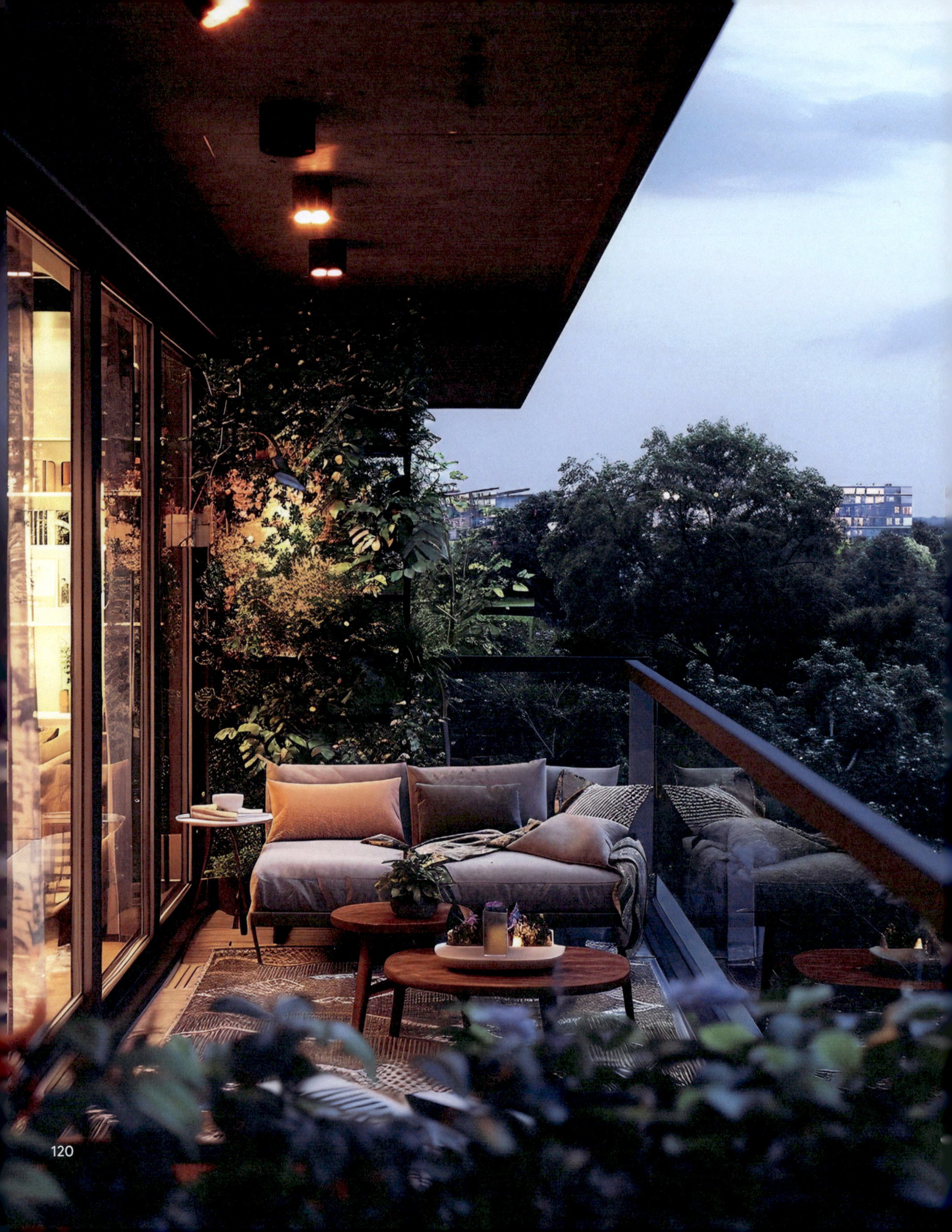

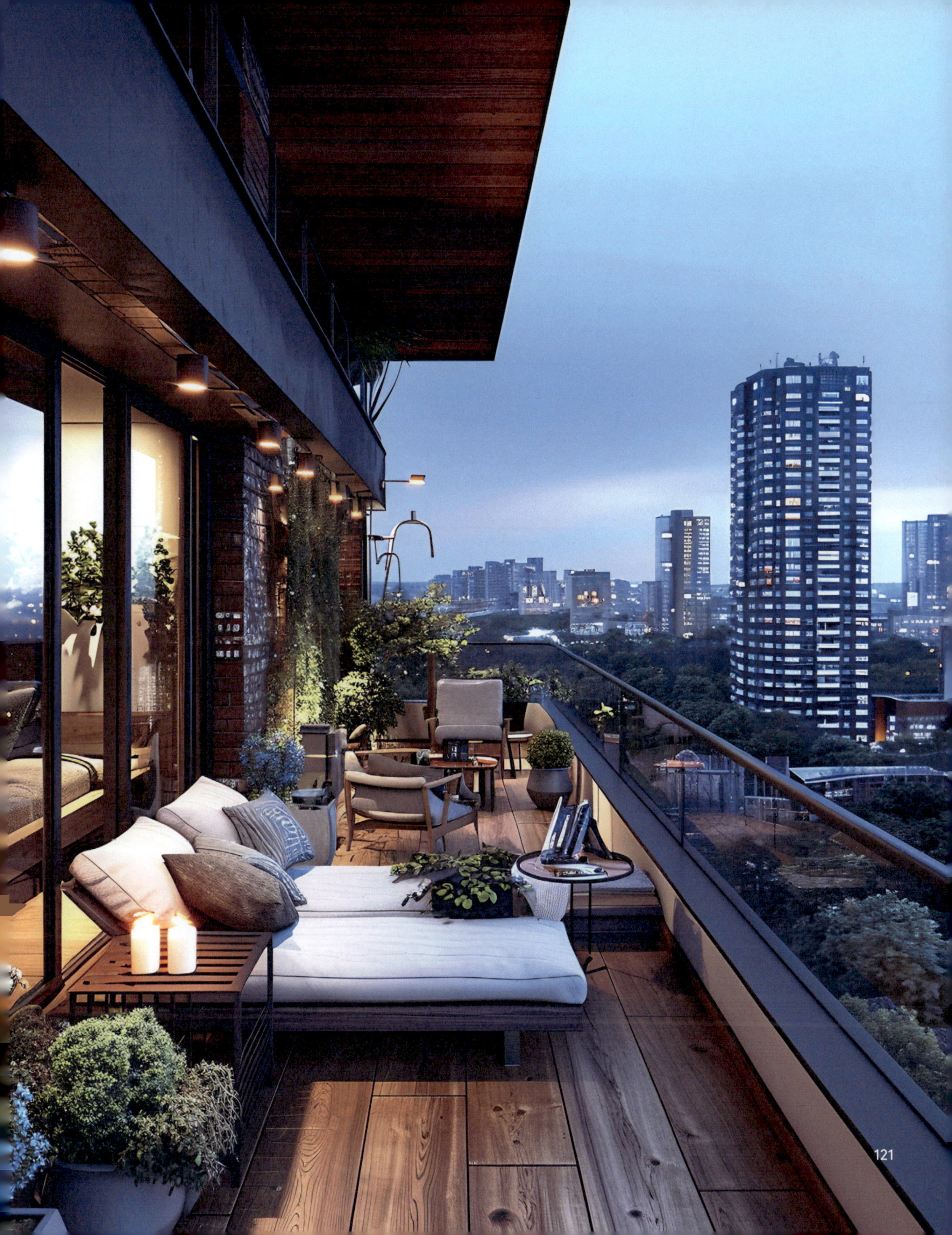

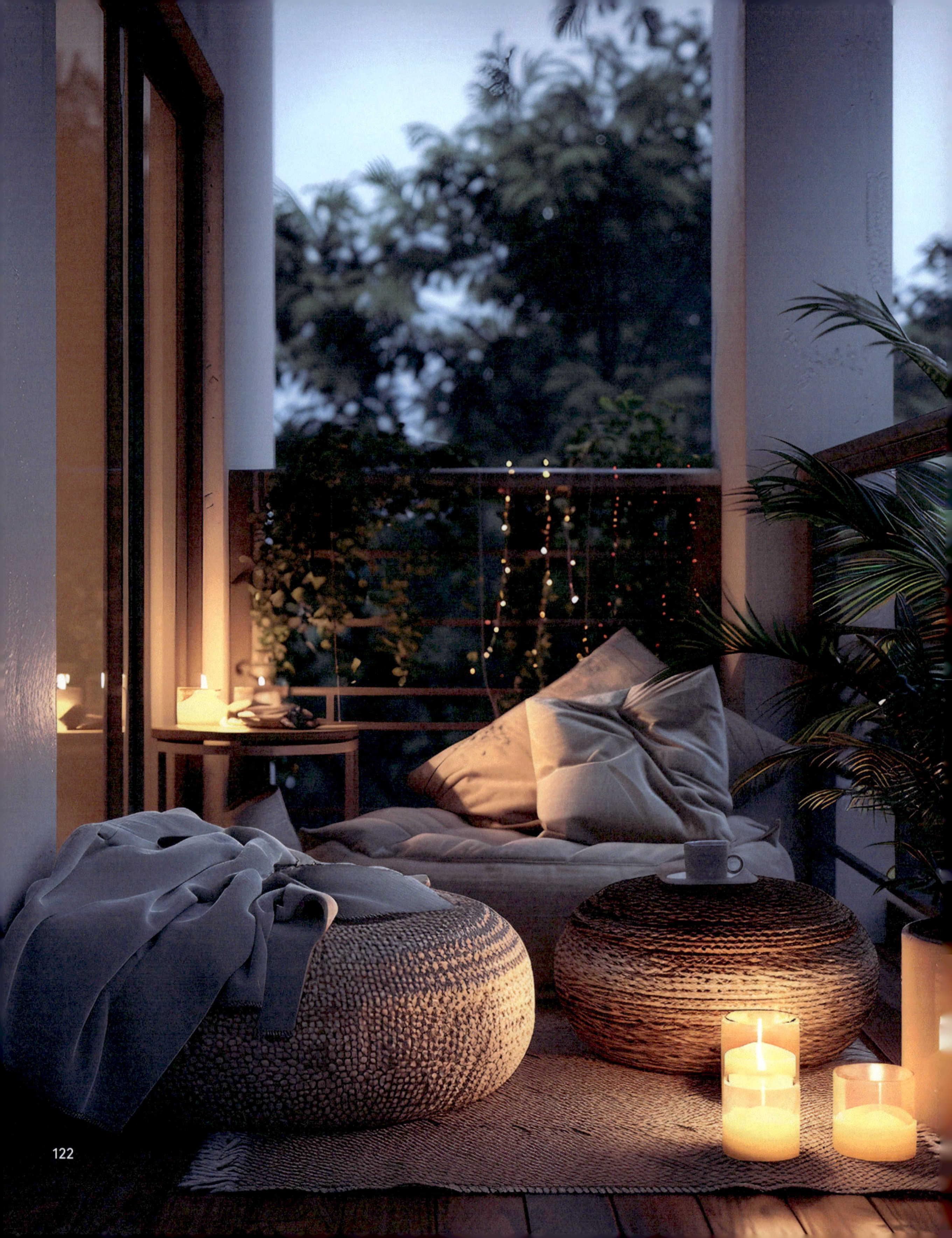

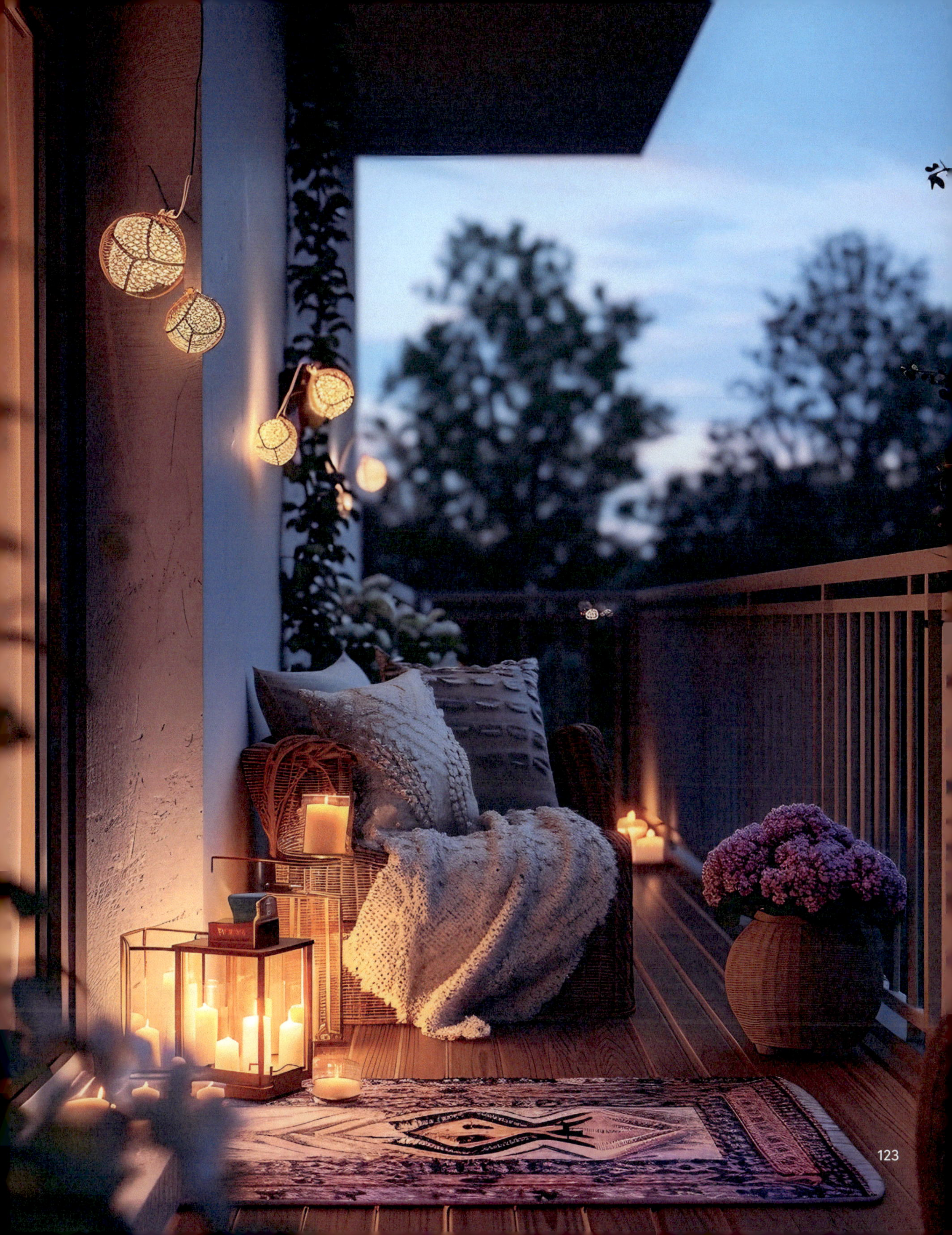

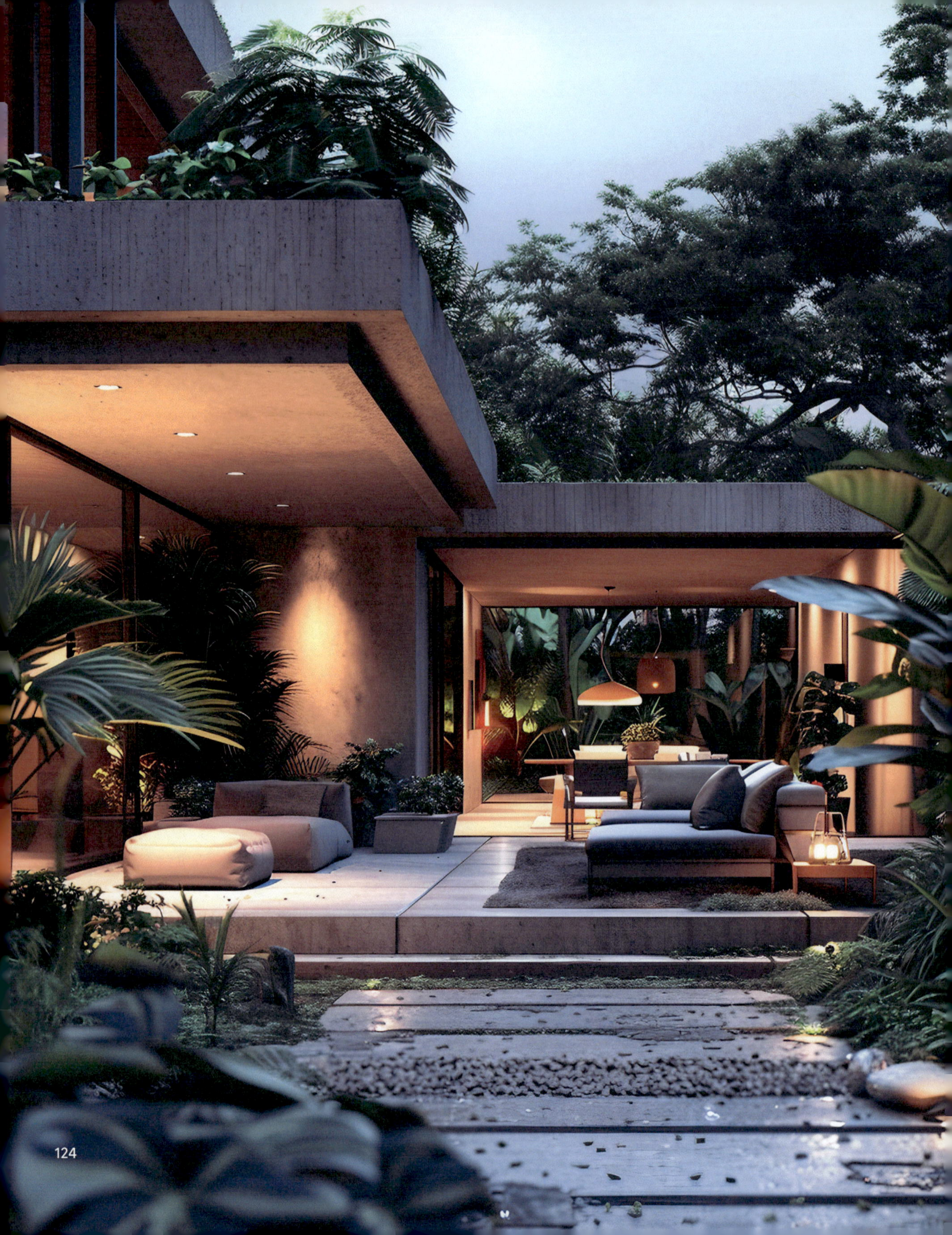

125

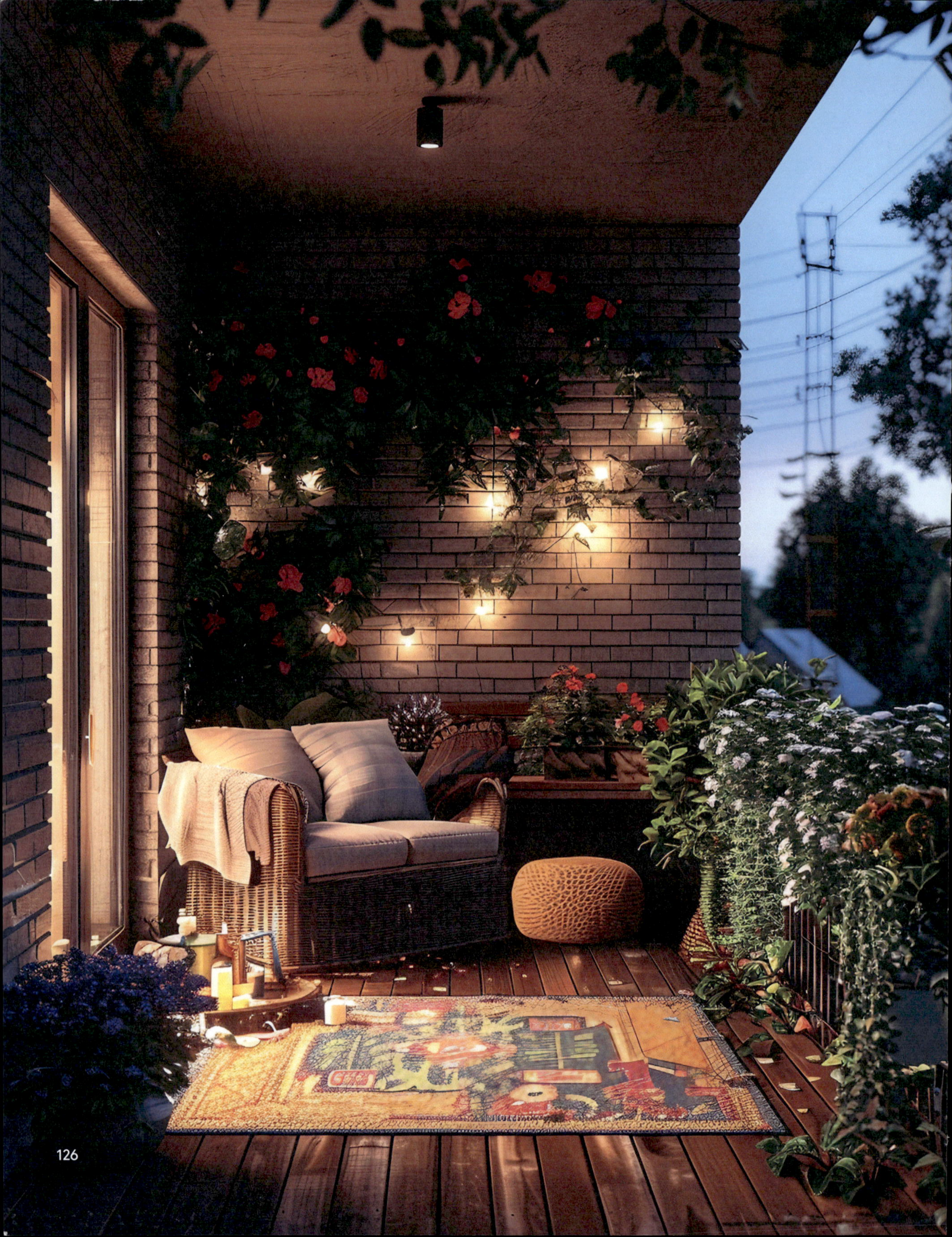

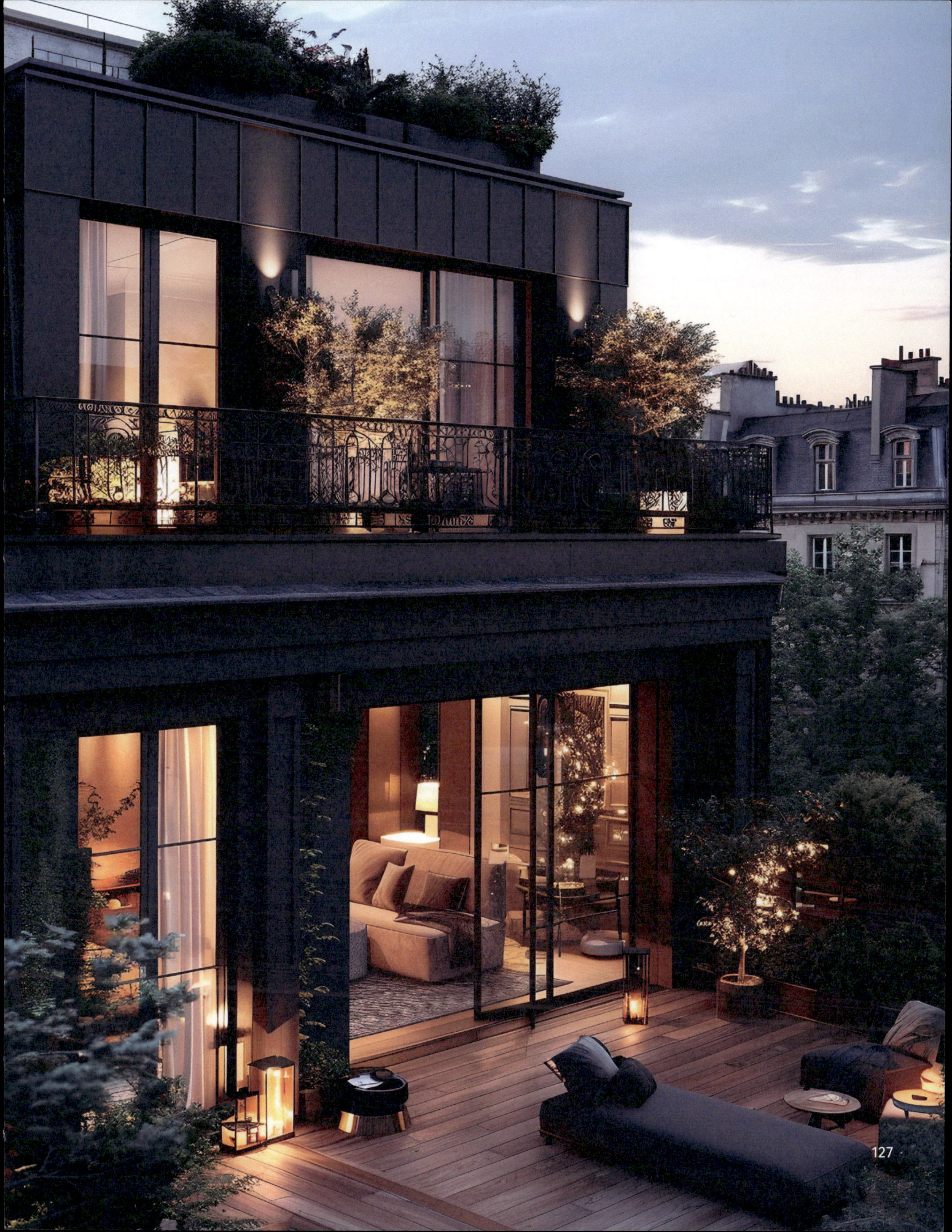

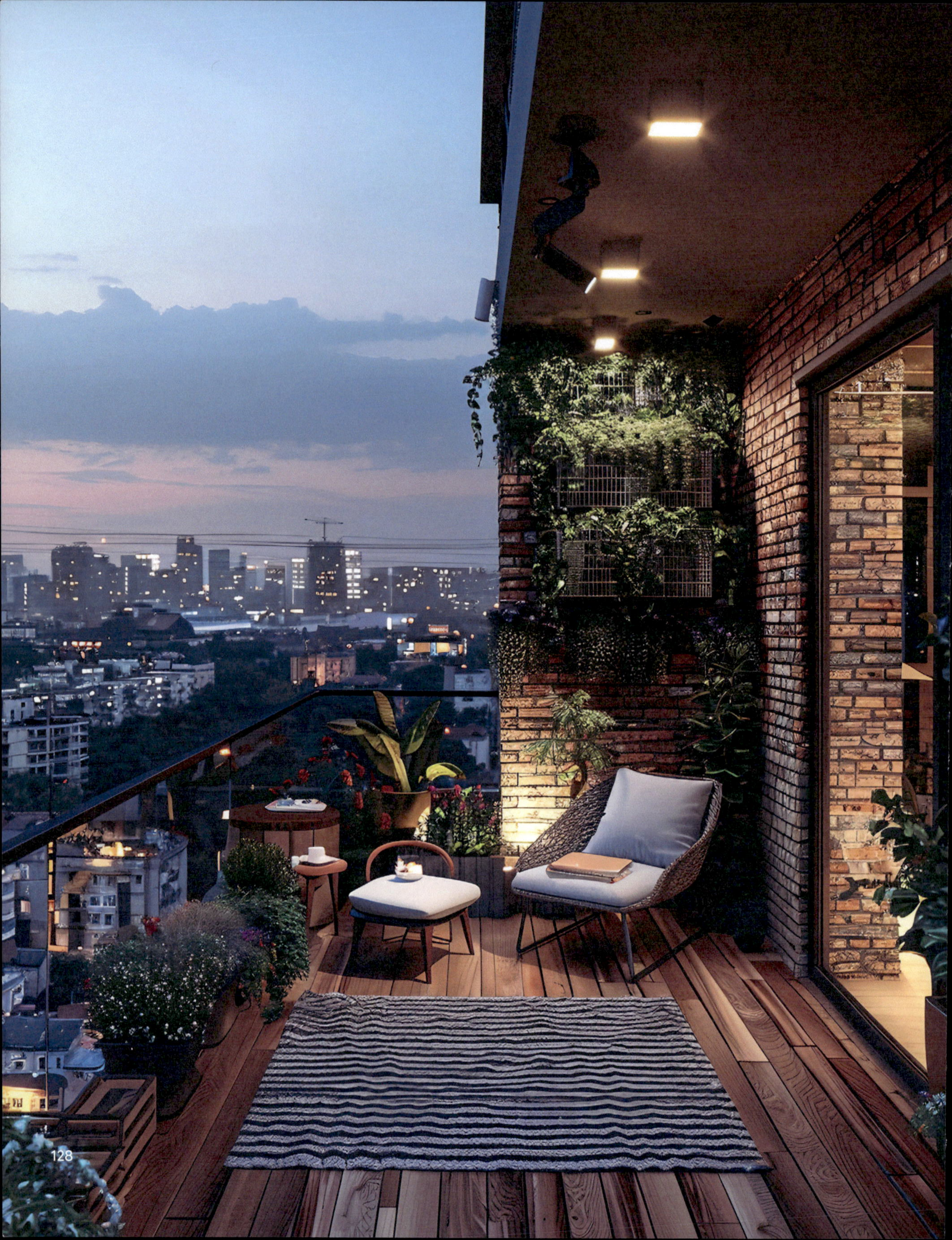

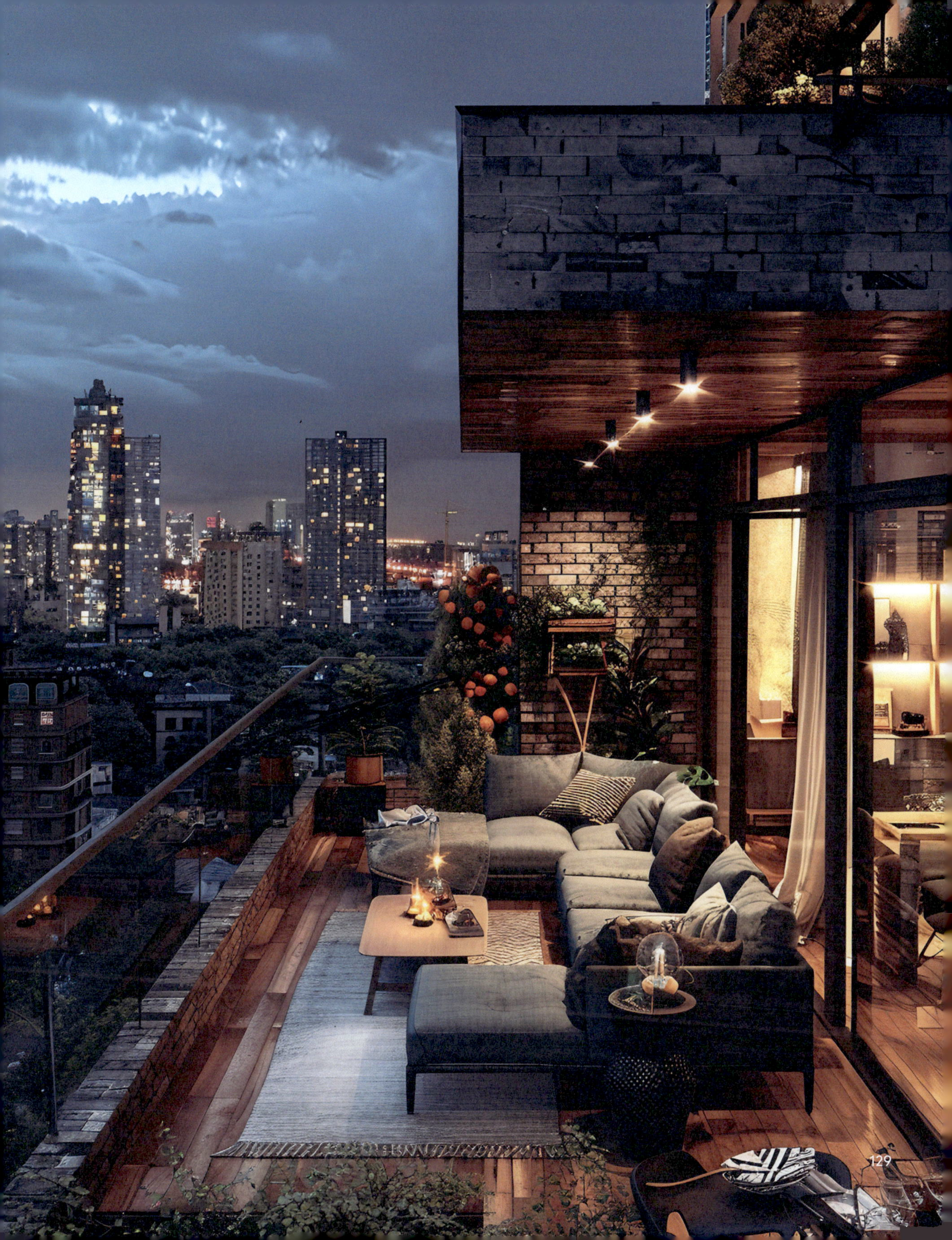

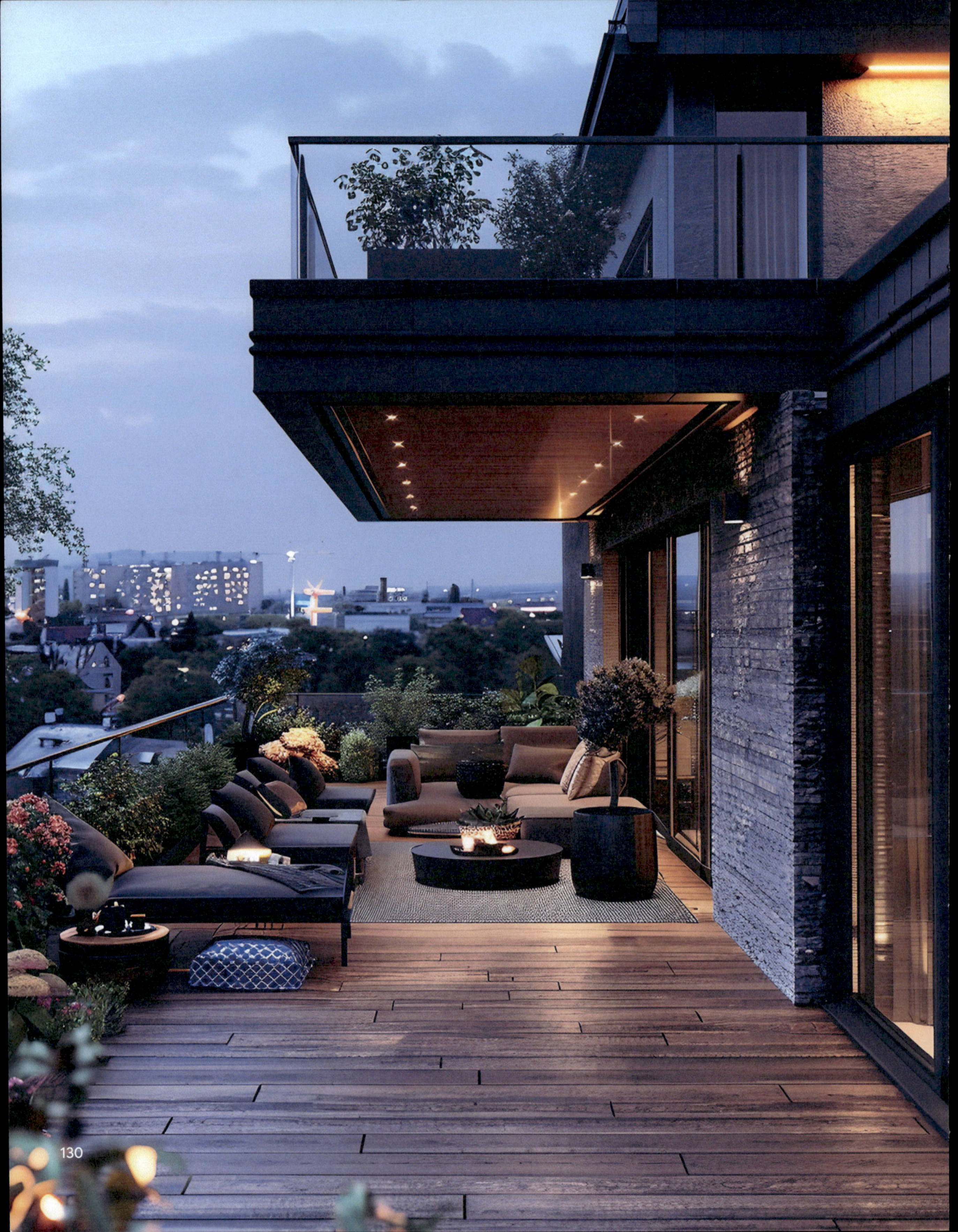

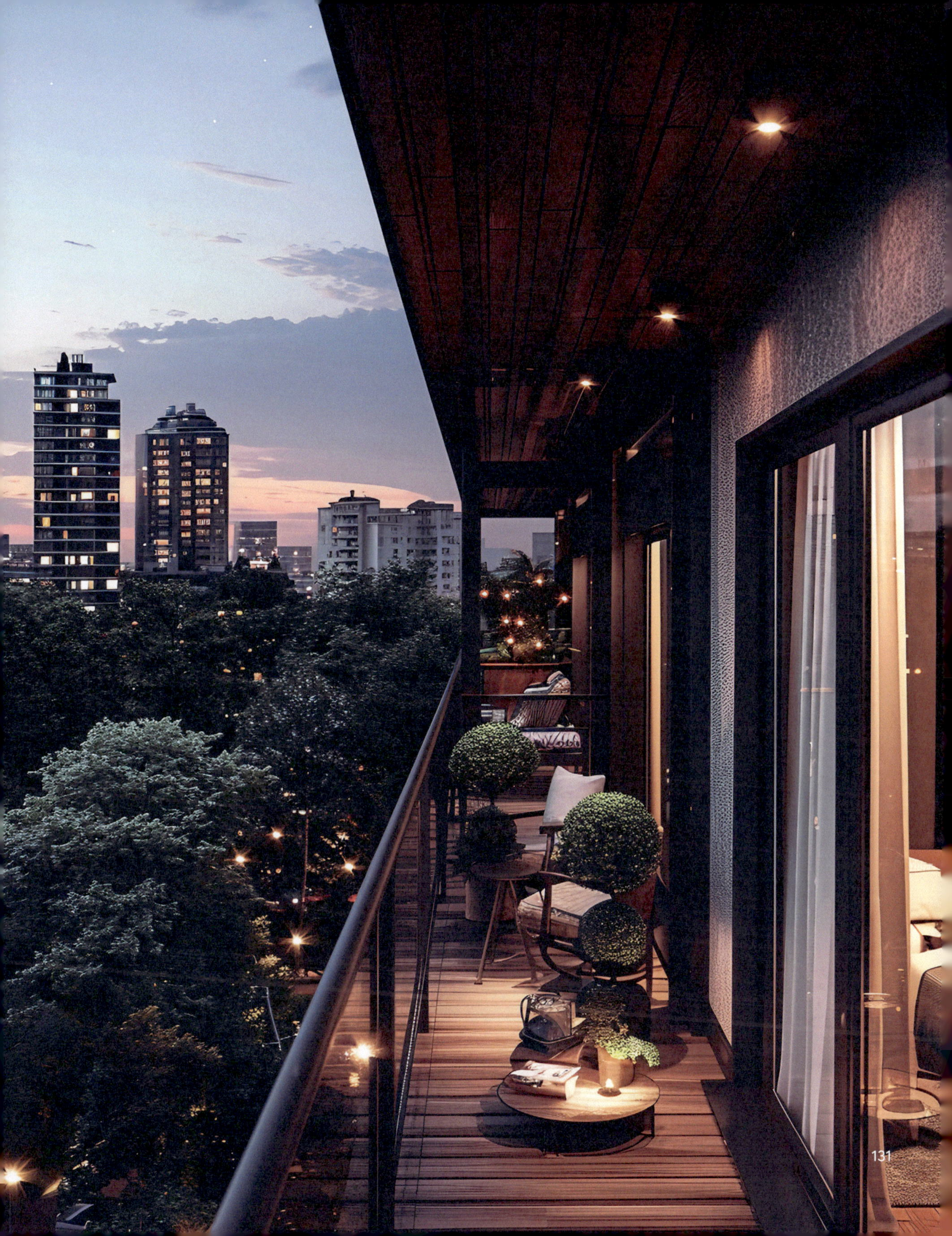

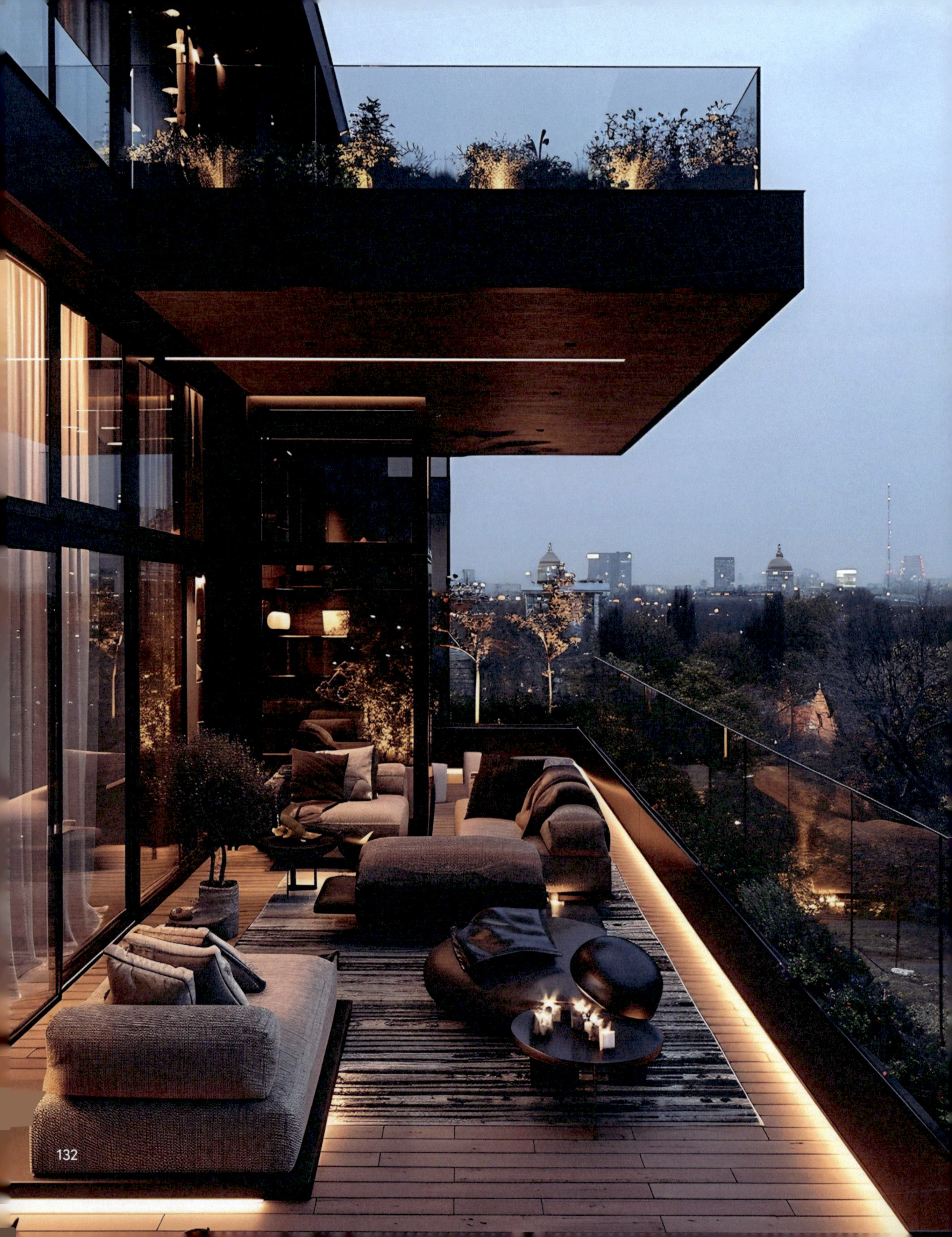

133

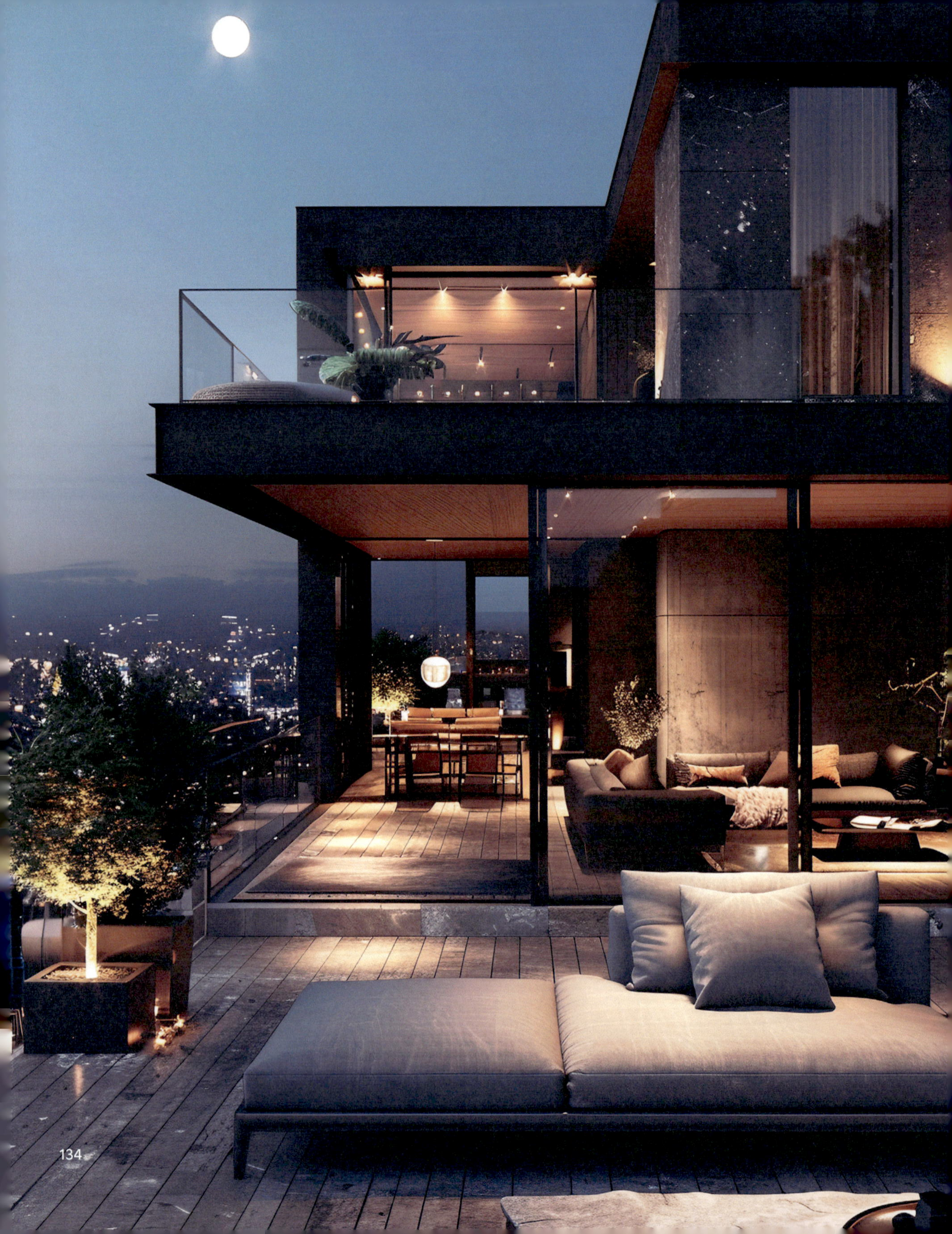

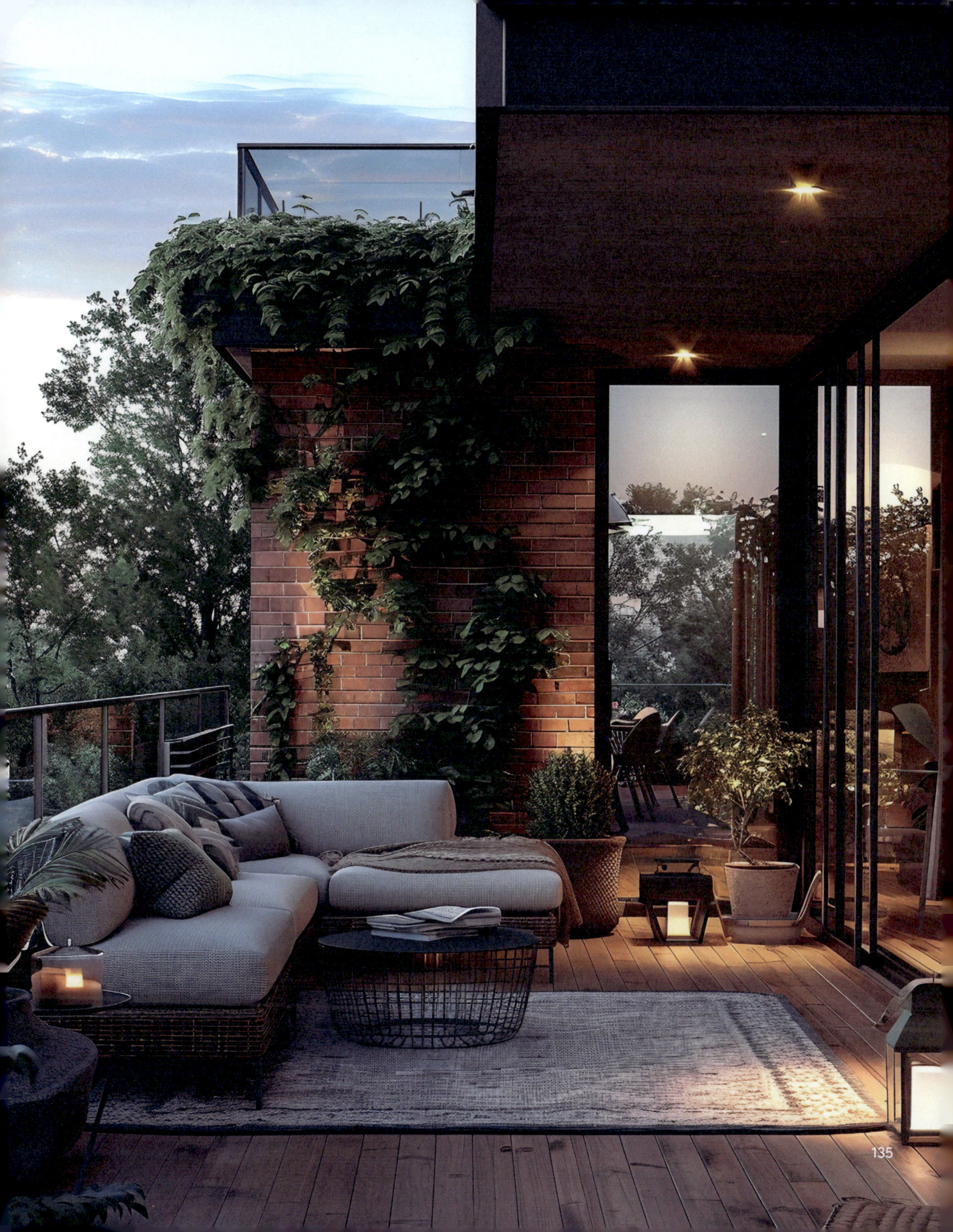

Printed in France by Amazon
Brétigny-sur-Orge, FR